MADEMOISELLE NAVIE
SOLEDAD BRAVI

le cahier sexo des paresseuses

MARABOUT

et si on allait
baiser à Tanger
niquer en Nouvelle-
Guinée, jouir à
Agadir, prendre
notre pied au
musée ...

sommaire

introduction

Depuis votre plus tendre adolescence, telle une pauvre petite oie de Noël, on vous gave de conseils sexo. Magazines, radio, télé... Du haut de votre (haute) expérience et de votre (grand) âge, vous vous dites peut-être que ce matraquage est usant... Vous auriez raison !

Chez les Paresseuses, nous avons décidé de mettre un coup de pied dans la fourmilière... avec de grosses bottes. Exit langue de bois, clichés, mythe de l'étoile de mer ou de la femme migraineuse. Halte à la dictature de l'orgasme, du gloss et de la performance aérobique !

Que vous ayez 16 ans ou 80 ans, que vous soyez une bombe atomique (on vous déteste !) ou complexée comme vous ne devriez pas, en couple, célibataire, experte ou novice... une seule chose nous intéresse, vous aider à jouir ! Parce qu'une femme épanouie sexuellement a une plus grande espérance de vie, une belle peau, les cheveux brillants -et les pupilles aussi dilatées qu'une héroïne des Feux de l'amour, *parce que la vie est bien trop courte pour ne pas profiter de ce que mère nature, pas toujours généreuse, a mis à votre disposition.*

Parce que le sexe, c'est la vie ! (avec l'amour, bien sûr, mais aussi le gras, et le vernis qui sèche en 30 secondes).

- *Quotidien dans le couple*
- *Fantasmes*
- *Masturbation*
- *Séduction*
- *Jouets sexuels*
- *Jeux pimentés*
- *Kama Sutra*
- *Pratiques extrêmes*
- *Bisexualité*

N'oubliez pas : une séductrice joyeuse, heureuse, jouisseuse et avertie se cache derrière toutes les Paresseuses.

QUIZ

Si on vous mettait à la diète de sexe, pourriez-vous survivre ?

1. Paul s'est retourné un testicule au rugby, vous avez reçu une injonction du médecin de ne pas approcher de son sexe à moins d'un mètre...

★ Vous pleurez, excédée en annonçant que le rugby est un sport de bourrin et qu'il va vous falloir un amant pendant ces quinze prochains jours.
▲ Vous êtes tranquille pour deux semaines et pouvez ENFIN vous endormir nue sans subir les assauts de Paul.
● Vous jouez l'infirmière compatissante et tentez les jours qui suivent d'accélérer sa guérison.

2. Faire l'amour, c'est...

▲ Quand vous en avez envie...
● Quand vous en avez envie... surtout le week-end, en fait.
★ Tous les jours, qu'il pleuve, qu'il vente, qu'il neige, que vos parents soient dans la pièce d'à côté ou votre chien sur le lit en train de mater.

3. Paul vous a déjà dit...

● Qu'il aimerait épicer vos jeux sexuels.
★ Que vous étiez épuisante, sexuellement.
▲ Que vous étiez hyper réservée au lit (le diplomate !).

MAJORITÉ DE ★

Vous avez chaud, souvent, et assumez totalement votre sexualité... Le souci est qu'il vous faudrait peut-être plusieurs hommes pour venir à bout de votre appétit. **Vous êtes la femme idéale d'Hugh Hefner (le fondateur de *Playboy*, pour les deux du fond).**

MAJORITÉ DE ▲

Vous avez froid, souvent, et assumez totalement le fait qu'il n'y ait pas que le sexe dans la vie. Pas besoin, finalement, d'avoir un mec hétérosexuel...
Vous êtes la femme idéale d'Elton John.

MAJORITÉ DE ●

Vous êtes tempérée et suivez vos envies selon vos humeurs. Paul peut être rassasié ou frustré au lit selon la période du mois...
Vous êtes la femme idéale d'environ 90 % des hommes.

chapitre

1

MIROIR, MIROIR, QUI A LA PLUS BELLE VIE SEXUELLE ?

Une pleine conscience de vos désirs et une vie sexuelle épanouie donnent l'œil vif et le poil brillant… Vous voulez être belle ? Lisez la suite !

Faire l'amour, c'est tendance !

Vous ouvrez votre pouf-magazine préféré :
« Calculez votre quotient sexuel. »
Vous allumez la télé : soit Samantha est en train de supplier John de lui faire l'amour comme un cheval fougueux, soit cinq femmes s'évertuent à expliquer sur un plateau qu'il n'y a aucune honte à aimer se faire prendre passé 70 ans.
Vous buvez un verre avec une copine, impossible d'échapper au récit détaillé de ses rencontres hot sur mastic.fr.
Mais enfin, qu'est-ce qu'elles ont toutes ?

LE DÉFI DU JOUR

Faites comme Cindy Crawford

Si les gosses et le boulot vous mettent les hormones du désir en vrac, prenez rendez-vous avec Paul pour une soirée hebdo de sexe débridé. Au premier abord, pas super spontané, mais cela laisse une plage de liberté que vous apprécierez… quitte à déborder sur les horaires. Après tout c'est bien grâce à vos parties de jambes en l'air que vous avez pu donner naissance à vos mini-moi.

Faire l'amour, c'est bio

Vous en connaissez beaucoup, vous, des activités qui ne nécessitent ni chargeur de batteries ni hydrocarbures transformés, qui ne créent pas de déchets (ou si peu) ? Jusqu'à preuve du contraire, faire l'amour n'a strictement aucune influence sur les changements climatiques observés au cours des cinquante dernières années. On ne peut pas en dire autant des pets de vaches, ni de la bombe de mousse à raser de Paul[1].
Et puis, c'est très commerce équitable. Le moment où vous faites l'amour, c'est celui où vous êtes seule au monde avec Paul, sans contraintes extérieures, tout à votre homme, dans le seul dialogue entre vos corps. Quelle plus jolie manière d'être ensemble ?

1. On rappelle à celles qui croient aussi que le poisson naît carré, pané, avec les yeux dans les coins, que le latex dont sont faits les préservatifs est 100 % naturel, issu de la culture de l'*Hevea brasiliensis*. Ça vous la coupe, hein ?

Plutôt du soir ou du matin ? Avantages et inconvénients

- **Le soir**

Sous l'effet radical des endorphines, vous pouvez sombrer illico dans un profond sommeil réparateur, plein de doux rêves, tendrement enlacés... Mais parfois, c'est difficile de se motiver, après le stress de la journée, quand vous avez la tête ailleurs.

- **Le matin**

L'œil hagard, la bouche pâteuse, l'haleine de chacal... assez pour démotiver un Paul qui ne présente pas mieux que vous, d'ailleurs ! Si vous passez outre, rien de tel pour vous sentir maîtresse du monde. Essayez, vous verrez : dans le métro, vous aurez la démarche de Beyoncé.

Et puis, tout ce qui est chimique n'est pas forcément mauvais !

On ne le dira jamais assez, un bel orgasme, ça vous fait sécréter un tas de choses excellentes pour l'humeur. D'abord, les endorphines, proches de la morphine, qui entraînent une relaxation immédiate, voire le sommeil dans certains cas. Aucune raison, donc, de culpabiliser lorsque vous sombrez dans le coma après un gros câlin... C'est chimique, on vous dit, rien à faire !
Selon une étude canadienne, la sérotonine, que vous produisez au moment fatidique, serait aussi libérée lors de la consommation d'ecstasy. Avoir une sexualité hyper épanouie, c'est du coup plus tendance que de se défoncer en soirée, et en plus, sauf si Paul est un sauvage, vous ne risquez ni de perdre une dent, ni de ressembler à Pete Doherty.

Génération sexuelle

Bienheureuses sont les femmes nées à partir de 1970, car elles ont vu le jour dans une société où le sexe fait partie des préoccupations fondamentales. Littérature, films, débats, enjeux politiques, séries télé... En quarante ans, la société a changé (pour le mieux dans ce domaine-là). Vous vivez dans une ère où des ingénieurs ergonomes se penchent sur le design de sex-toys de compétition, où l'on cherche à rendre l'utilisation du préservatif ludique. De nombreuses choses restent à gagner. Toutefois, pouvoir publier un livre tel que ce guide était loin d'être aisé à une époque pas si éloignée que ça...

Faire l'amour, c'est développement durable

- Ça renforce l'estime de soi et donc notre productivité.

Oui, on peut dire que ça embellit l'économie.

- Ça rend la vie palpitante.
- C'est bon pour l'humeur et la connaissance de soi...

Imaginez-vous dans quarante ans : vous connaîtrez tout de votre corps, de vos envies, de vos fantasmes.
Les retraités n'auront qu'à se cramponner à leur pilule bleue.

Le mantra du jour

« Faire l'amour donne bonne mine. »
Et avoir bonne mine, c'est tendance depuis 1927.

chapitre

2

JE M'AIME !

Se faire jouir, c'est comme se complimenter : indispensable pour l'ego. Répétez-vous : « Je suis une bombe » 50 fois par jour (à voix basse, svp). Mettez en valeur votre petit plus (pas votre orteil gauche, un VRAI plus !). Pour le connaître, il suffit de faire un sondage. Paul n'étant pas le plus objectif, enquêtez auprès de vos amis, fouillez votre mémoire et faites le bilan des compliments qu'on vous fait souvent. La bouche, le regard, les mains, les jambes, les seins, le ventre, les cheveux. Tout est sexuel, vous pouvez jouer avec ! (Si vous avez toutes ces qualités, nous sommes 99 % à vous détester).

LE DÉFI DU JOUR

Travaux pratiques

Le pommeau de douche, un grand cliché… mais pourquoi ? Lubrification, température, flux modulable en font le meilleur allié des Paresseuses. À tester après une journée pourrie au boulot, un soir où vous avez envie de vous détendre. Pourquoi croyez-vous qu'il existe autant d'options de jets de douche dans les magasins de bricolage ?…

Inspiration - Masturbation

La masturbation est de moins en moins taboue et devrait être reconnue d'utilité publique. Il y a des millénaires que l'on connaît son pouvoir, l'étymologie grecque de *clitoris* renvoyant au mot « clé ». On ne peut faire plus évocateur ! Mère nature ne nous a pas toujours habituées aux cadeaux, et pourtant c'est le seul organe du corps humain dont la fonction est exclusivement de nous apporter du plaisir. Oseriez-vous refuser ce don ?
Sachez, dans un premier temps que pour se masturber, il n'y a pas de mauvaise méthode… sauf peut-être celle d'utiliser un oursin. Il faut simplement laisser de côté la gêne. Souvenez-vous que cela se passe entre vous… et vous, et que la rencontre peut être merveilleuse.

SE MUSCLER LE PÉRINÉE, LE SPORT LE PLUS UTILE DE LA TERRE

Simple et discret, cet exercice peut même se pratiquer dans une salle d'attente : on contracte – on tient une seconde – on desserre. Même pas besoin de mettre un cycliste moche ! Contrôler cette petite zone musculaire très érogène, située entre la vulve et l'anus est un excellent début. Faites découvrir à Paul que vous avez un contrôle sur sa pénétration en resserrant votre vagin autour de lui. Il n'y a pas que devant l'achèvement de Mario Kart® en mode *difficult* qu'il aura les yeux qui brillent.

Et si le point G… vous vous en tamponniez ?

Halte à la dictature de l'orgasme clitoridien ou vaginal, ou à celle du mystérieux point G… Ce qui compte, c'est le plaisir, et peu importe son nom ou sa géolocalisation. Dans les années 1990, il y a eu cette grande tendance à mettre des mots sur le plaisir, enfermant les femmes dans la performance de l'horrible « T'as joui ? ». Vous êtes une femme, vos pulsions et vos hormones vous dictent vos envies. Jouir n'est donc pas seulement mécanique ! Vous êtes la seule à pouvoir dire si cette levrette dans l'escalier était un moment agréable, sans devoir vous justifier plus que ça.

Les séductrices ne sont pas riches mais attentives

On vous donne plein de conseils dans la *boring* presse féminine pour entretenir votre sex-appeal. Et souvent, il est question de crème à 1000 $, de cheveux soyeux et du dernier perfecto à la mode... En résumé, il faut avoir le compte en banque et l'emploi du temps d'une héritière du pétrole. Pourtant, sans trop d'efforts, et sans être obligée d'épouser J.R. Ewing, il est simple de booster sa libido et ses envies. Il suffit simplement d'observer le monde qui vous entoure : la nuque d'un homme dans le métro, le regard de Thomas, le collègue *miam*, sur votre décolleté, le live de James Brown à l'Apollo Theater... Il existe une foule de détails, juste là, sous vos yeux, qui sont de véritables appels au sexe. Alors... ouvrez grands les yeux !

Le mantra du jour

« Se donner du plaisir à soi, pour mieux le partager ensuite : je suis la V2 de mère Teresa. »

chapitre

3

SE(X)DUCTION

Pour une heure, une nuit, la vie…
Pour amener un Paul dans votre lit, il faut bien passer par la case « rencontre » et donc « séduction ». Ce petit saut dans le vide, même si vous avez eu foule d'amants, est toujours un peu flippant. Pourquoi Paul me plaît-il ? Comment lui plaire ? Et si je ne lui plais pas, dois-je noyer mon chagrin dans des hectolitres de pâte à tartiner payée cinq fois son prix ?

La faute à la science

Les phéromones seraient à l'origine de nos attirances sexuelles. Quand vous rencontrez Sylvain le Corse, sachez que même s'il a fait l'effort de mettre un after-shave de qualité, ce n'est pas cette odeur-là qui vous donne envie lui dévorer le figatellu. Les phéromones sont des substances qui s'apparentent aux hormones et qui servent de langage « chimique » entre les êtres. Certains papillons détectent un partenaire sexuel à plus de 10 km ! Chez les humains, c'est très clairement moins efficace, mais il ne faut pas nier cette part non maîtrisable de l'attirance. Nous venons peut-être de trouver une explication qui justifierait, par exemple, l'union d'un octogénaire bedonnant et d'une bombe sexuelle de 18 ans. Oui, ce sont peut-être les phéromones de Papy qui ont séduit Barbie, et pas ses millions en banque ou sa durée de vie précaire... bande de mauvaises langues !

LES DENTS DU BONHEUR

Selon un sondage livenet.fr, les hommes classent le visage à égalité avec la poitrine parmi leurs parties préférées du corps. Les yeux et le sourire sont mis à l'honneur. Autant vous dire qu'avoir les chicots de Bob le plombier n'est pas la meilleure façon d'attirer un Paul. Voyez votre dentiste comme un Dr Love. Tous les ans, un détartrage est nécessaire, ainsi qu'un contrôle de routine. On se brosse les dents ET la langue trois fois par jour. Si vous avez les dents jaunes, optez pour un blanchiment. À vous le sourire de Julia Roberts, et à défaut de deux millions de dollars par film, vous aurez gagné un atout séduction incomparable.

CE QUI PLAÎT À TOUS LES MÂLES… MÊME À VOTRE CHIEN

- **Qu'on s'intéresse à eux… : « Waouh, t'es arrivé 142e au concours de dominos de Mantes-la-Jolie ! »**
- **Qu'on les respecte : « mais les dominos, c'est hyper dur, hein. »**
- **Qu'on se fasse belle pour un rendez-vous : « Oh, cette micro-robe, c'est rien, c'est un truc que j'ai mis à la va-vite avant de venir ! »**
- **Qu'on les drague : « Je ne suis pas le genre à embrasser le premier soir. Mais il va falloir que tu arrêtes de marquer des points si tu veux que je respecte mes principes. »**

Les gestes les plus sexy

En phase de séduction, nous pouvons comparer notre comportement à celui d'un chasseur. Paul fait son apparition, et entre aussitôt dans votre viseur : c'est LUI ! Le langage du corps est alors primordial et le jeu des regards est un bon indicateur de tension. La pupille dilatée est une preuve physique claire de désir sexuel, mais pas seulement. Emballement du rythme cardiaque, rougissement, maladresse, coiffage-recoiffage-décoiffage… tout pour s'occuper les mains. Évitez d'accumuler toutes ces preuves flagrantes, on risque de vous prendre pour une hystérique. Regardez-le une fois pour initier le combat, s'il vous rend ce regard, ne vous emballez pas. Et si ça fait 5 fois que vous vous surprenez mutuellement en train de vous observer à la dérobée… la chasse est ouverte.

Le râteau

Ne pas plaire à Thierry, d'autant plus si vous vous étiez déjà imaginée un dimanche chez Ikea avec lui… c'est dur, MAIS il faut relativiser. Souvenez-vous de votre premier zéro en dictée, avec le recul, ce n'était pas si grave ! Ne pas plaire à tout le monde, c'est aussi avoir le plaisir de savourer pleinement quand un homme vous drague. Être une blasée de la séduction n'est pas une situation enviable. Donc, pour le bien de votre ego, il faut :

- Ne pas s'accrocher : on ramasse un refus avec dignité et on passe son chemin.
- Ne pas pleurer : des scientifiques de l'institut Weizmann ont démontré que des composants chimiques présents dans les larmes féminines réduisaient l'excitation sexuelle.
- Remonter en selle.

Vous aussi, vous avez mis des râteaux dans votre vie, il est normal de ne pas faire mouche à tous les coups. Et puis, entre nous, Thierry, c'était un peu un salaud radin au Q.I. limité, non ? (Méthode Coué n° 2.)

Mentir pour séduire : la fausse bonne idée

On a tendance à croire que séduire un homme revient à lui mentir. On se transforme donc en reine du tuning, on mange des pavés de rumsteak de 500 g, on boit des litres de bière et on se prononce soudainement pour la liberté sexuelle dans le couple, et contre le dialogue. (Attention : morceaux de misogynie *inside*). En gros, vous en faites des tonnes, et devenez la femme idéale, un curieux mélange de meilleur pote, de mère et de catin.

S'inventer une identité, c'est le petit bain de la séduction, car nager dans une piscine où l'on a pied avec une bouée en forme de dauphin, c'est pas du jeu. Pour garder un homme, il faut être soi… Assumerez-vous toute votre vie de lui avoir dit lors de votre premier rendez-vous : « Nan mais attends, moi le foot, c'est vraiment ma vie, c'est simple j'a-doo-re ! » Autant jouer franc-jeu dès le début !

Le mantra du jour

« Une séductrice, une vraie, sait se faire désirer pour ce qu'elle est ! »

chapitre

4

LE TOUR SEXUEL… DES EX !

*Mais que viennent-ils faire
dans votre sexualité, ces ingrats ?
Vous aviez juré, la goutte au nez,
que plus jamais vous n'y repenseriez !
Et pourtant, vos anciennes relations peuvent
en dire long sur vos goûts et dégoûts sexuels.
Allez, mettez de côté votre rancœur
et l'envie de faire de leurs parties intimes
des paupiettes de veau…
et gardez le meilleur.*

Toute première fois, toutoute première fois

On s'en souvient toujours, à moins d'avoir l'âge d'Arielle Dombasle... et si c'est un moment impérissable, il est pourtant déconseillé de le prendre comme référence ! Vous aviez en moyenne 17,6 ans[1] et une expérience amoureuse aussi vaste que la superficie du Luxembourg. « C'est en forgeant qu'on devient forgeron », disait votre tante Ilga. A ors gardez la maxime en tête, et surtout ce chiffre : seulement 2,6 % des femmes ont eu un orgasme la première fois qu'elles ont fait l'amour[2]. (Si vous faites partie des 2,6 %, foncez acheter une grille de Loto, vous êtes née sous une bonne étoile.)

Ex et amants... comment vous ont-ils eue ?

Qui dit « ex », dit qu'à un moment donné vous avez craqué pour lui. Un humour corrosif, un regard pénétrant, des cheveux aussi soyeux que ceux d'un mannequin Pantène. À force d'être attirée par les mêmes hommes, vous finissez par vous dire que vous avez un « type ». Mais vous correspond-il ? Et surtout, des hommes avec qui vous avez couché, lequel a été le meilleur ? Attention, soyez honnête : même si le chauve *nerd* du service informatique vous a fait passer la plus belle nuit de votre vie, ASSUMEZ-LE (dans votre tête). Tirez-en simplement la leçon nécessaire : ne jamais se fier aux apparences.

1. INED. **2.** tasante.com

La bonne question du jour

Prenez le temps de regarder les hommes qui vous entourent : inconnus, collègues, passants... Essayez de deviner lesquels seraient les plus compatibles avec vous. Écoutez vos sens, vos désirs en vous éloignant le plus possible de ce que vous assènent magazines et vraies-fausses bonnes copines.

DES CHIFFRES POUR SE SITUER !

Les femmes déclarent avoir eu 4,4 partenaires sexuels dans une vie, les hommes 11,6[1]... Des chiffres qui en disent long à tout point de vue, même sur l'ego et le gonflage de chiffre[1].

1. INED

Avant Paul, il y a eu Philippe, l'enfoiré affectif

Oui, votre ex, celui qui vous a écrabouillé le cœur, vous a fait perdre (la chance !) ou prendre 10 kilos (le chagrin...) et qui vous a laissé ce goût amer d'être la plus nulle des filles. Mais souvenez-vous, au tout début, et même au milieu, comment était-ce, au lit ? Qu'est-ce qui vous plaisait vraiment ? Il y a bien un souvenir torride auquel vous pouvez vous accrocher. Petit exercice pratique, remplissez ce tableau.

NOM DE L'EX	CE QUI ÉTAIT GRRRR	CE QUI ÉTAIT MOISI
Nicolas	*Cunnilingus*	*Éjaculait trop vite*
Alphonse	*Était sauvage*	*Rien*

Attention, il ne s'agit pas de charger la mule ou d'encenser un ex pour lequel on a encore des sentiments, mais de se connaître mieux, de réaliser que, finalement, on aime les rapports un peu bestiaux alors qu'on croyait être « sexe romantique/fleur bleue/bougies parfumées ». Ensuite, on additionne le GRRRR, on soustrait le moisi et on obtient son portrait sexo : plus efficace qu'une voyante.

Ex, sexfriends et plans qui sentent la vieille chaussette

Un soir de déprime, une coupe de trop et vous voilà en train d'envoyer un texto à Philippe : « Mon corps est encore à toi, baisers brûlants » (niveau humiliation 72). Il n'y a pas de règle d'or en amour mais le 11e commandement devrait être : NE JAMAIS RECOUCHER AVEC CELUI QUI A BRISÉ VOTRE CŒUR. L'ex, c'est un vrai truc de Paresseuse : vous savez tout de lui, il vous a déjà vue nue, il vous connaît... Oui, mais si c'est votre ex et pas votre mec, c'est qu'il y a une bonne raison ! Le meilleur moyen de ne pas succomber à la tentation : se souvenir avec horreur de TOUT ce qui n'allait pas avec lui. Et on ne triche pas, personne n'est parfait !

Paul VS les hommes de votre vie

Ah ! Vous êtes heureuse et amoureuse de votre Paul d'amour. Il connaît votre passé, mais... point trop n'en faut, Jacqueline. Ne détaillez pas par le menu comme il était agréable de vous faire réveiller le dimanche matin par la spécialité post-croissant de Pierre. C'est votre jardin secret, et ne regarde que vous. Discrétion, mesdames, les détails croustillants de votre ancienne vie ne se partagent qu'avec une copine devant un steak-frites.

Le mantra du jour

« La seule chose qu'on peut tirer d'un ex : une bonne leçon. »

chapitre

5

EMBRASSEZ-VOUS, QU'ILS DISENT !

On ne rappellera jamais assez l'importance du baiser, avant, après, pendant, et en dehors de toute relation sexuelle. Selon le Kama Sutra, le baiser est un prélude à l'union sexuelle. Passé quelques mois avec Paul, on oublie le patin pour ne plus faire que des petits smacks tout secs et pas sexy… Embrasez-vous pour les baisers !

« Avec Paul, on ne s'embrasse plus »

Il est très rare de voir des couples de longue date s'embrasser à pleine bouche dans la rue, ni même dans les soirées, et sans trop s'avancer, on peut dire qu'ils ne s'embrassent plus que pour de rares occasions chez eux. Si on ne cesse pas de faire l'amour, le baiser passe à la trappe rapidement. Au début du jeu de la séduction, c'était votre activité préférée avec Paul et vous pouviez passer des soirées à ne faire que ça. Souvenez-vous-en et réintégrez cette union dans votre quotidien. Le baiser entretient le désir, et permet de ressentir un vrai rapport de proximité enchanteur : les lèvres collées, les mains sur son visage, les yeux dans les yeux... À quel moment peut-on être plus proche d'un être humain que lorsqu'on l'embrasse ?

No kiss battle

Un petit jeu qui rend dingue : une heure sans s'embrasser. Simple quand on est chacun au bureau, mais la règle du jeu est plutôt de s'embrasser partout sur le visage sauf sur la bouche. Faites se frôler vos lèvres, passez votre langue brûlante sur le lobe d'oreille de Paul, glissez la pointe de votre langue aux commissures de sa bouche... Tout ça sans jamais franchir le cap de la pénétration. C'est le tango du baiser, repousser sa patience, pousser l'autre à craquer.. bouillant !

L'ART DU BAISER

La légende dit que le baiser fut inventé au Moyen Âge par les chevaliers qui vérifiaient ainsi que leur femme n'avait pas bu d'hydromel : romantisme chevaleresque, quand tu nous tiens ! Quand Paul rentre du bureau et qu'il vous embrasse, il ne procède à aucun contrôle, rassurez-vous. Sauf s'il est chevalier, bien sûr.
Il existe une multitudes de baisers aux noms plus poétiques les uns que les autres et qui donnent très envie (esquimau, papillon, french kiss...).

L'haleine fraîche

Pour éviter toute déconvenue, il vous faut :

- Une hygiène buccale impeccable : brossage de dents, gargarismes pour que les bactéries sur les amygdales se décollent, mais aussi brossage de langue (avec des râpes spéciales qu'on peut acheter en pharmacie). Remplacer la brosse à dents chaque mois et utiliser du fil dentaire.

- Mâcher des feuilles de persil : une recette de grand-mère diablement souveraine. La plante, riche en antioxydants, vitamine C et fer, est extrêmement efficace. Elle capture les composés sulfurés comme l'allicine, responsable de la mauvaise odeur de certains aliments (l'ail, par exemple).

- Éviter les aliments et boissons tels que ail, oignon, salami, épices et fromages forts, bière, café, whisky et vin, car ils laissent des résidus qui collent à la plaque dentaire.

- Éviter les aliments qui restent entre les dents comme les sucreries, surtout celles qui collent (soyez aussi vigilante avec le persil...).

Cinq bonnes raisons de mettre la langue

- Embrasser déclenche la production d'ocytocine, la fameuse hormone qui monte au cerveau et nous rend sentimentaux et amoureux.

- Embrasser fait dépenser des calories (4 par minute) – plus que 72 heures et vous rentrez dans un bikini – et fait s'activer 34 muscles faciaux.

- Embrasser donne bonne mine (l'excitation active la micro stimulation sanguine, responsable de nos pommettes roses).

- Embrasser fait blanchir les dents (l'augmentation salivaire élève la protection de l'émail dentaire).

- Embrasser rend vos jambes aussi fines que celles d'Adriana Karembeu (chez les Paresseuses, on croit au pouvoir de l'autopersuasion).

Le mantra du jour

« Oui aux baisers doux, frais, violents qui vous font chavirer et vous donne l'impression d'avoir 15 ans alors qu'en vrai... vous avez eu le brevet des collèges il y a quelques siècles. »

chapitre

6

COMMUNIQUEZ !

Les pouf-magazines, les présentateurs télé sous poudre blanche, votre meilleure amie… tout le monde s'accorde à dire que la communication est la clé de voûte de toute relation épanouie. Pourtant, parler de sexe, c'est moins facile que de gober un Flamby. Pas de panique. On va vous aider.

Pour délier les langues, deux options

Intra-muros

Au lit, sous une couette, coupés du monde, parlez de vos envies avec Paul, de ce qui vous excite. C'est en soi un vrai préliminaire, surtout si vous êtes nus mais que vous ne vous touchez pas. C'est le moment qu'on choisit pour se lâcher, pour feutrer son timbre de voix. Si vous n'osez pas être la première à lancer les hostilités, posez lui des questions : « Et si je te fais ça, là, ça te fait quoi ? »

Extra-muros

Évoquez ce que vous voudriez que Paul vous fasse dans les situations les plus banales de la vie courante : embouteillage, train, courses de la semaine... Votre quotidien sera tout de suite plus sympa. Attention à ne pas vous laisser aller à la passion aux yeux de tous, vous risquez d'être embarqués pour attentat à la pudeur (1 an d'emprisonnement et 15 000 € d'amende)[1].

1. Article 222-32 du Code pénal français.

La voix

Les hommes à la voix grave sont plus attirants[2] ! Le département de Psychologie, Neurosciences et Comportement de l'université canadienne McMaster, après une grande étude sociologique, a aussi démontré que le timbre de la voix de Paul pouvait être un révélateur de son penchant pour... l'infidélité. Plus les cordes vocales sont épaisses, plus le taux de testostérone est fort, plus Paul est attirant pour les femmes, plus il est sexuellement sollicité. Heureusement, ce dernier est doté d'un cerveau ! L'excuse : « Je t'ai trompée avec ta mère parce que j'ai la voix grave » ne tient pas.
NB : Pour les femmes, c'est l'inverse, les hommes sont attirés par les voix haut perchées... sans pouvoir l'expliquer.

2. Collins, 2000.

PARLER DES GÊNES OU FRUSTRATIONS DÈS LE DÉBUT

Comme pour la séduction (chapitre 3), soyez claire et honnête dès le début, n'annoncez pas votre liste de récriminations comme on dresse un devis, mais parlez naturellement de vos affinités et de vos gênes. Elles changeront au cours des années, bien sûr, mais ce que les hommes détestent, c'est avoir été trompés au départ.

« *Faut qu'on parle* »

C'est peut-être la phrase la plus crainte par les humains (après « On va tous mouriiiiir !!! »). Ça ne laisse rien présager de bon. Seul Domenech pourrait demander sa femme en mariage avec ce début, sinon, en général, ça sent la conversation longue, avec des reproches et la goutte au nez. Si vous avez envie de parler de vos envies, le premier conseil à suivre est de ne pas l'annoncer. Agissez ! Et comme ce n'est pas toujours le bon moment, organisez-vous : « Demain, ça te dit qu'on aille se promener, mon amouuuur ? » (S'il savait ce qui l'attend, hin, hin, hin...)

Tourner sa langue sept fois dans sa bouche

Il y a des propos qui ont le pouvoir d'émasculer n'importe quel taureau et qu'on se contentera de garder pour nous :

- « T'avais déjà eu des rapports sexuels avant moi ? »
- « C'est vrai qu'elle n'est pas très grosse/belle/large mais elle est si mignonne ! »
- « Sérieusement ça t'excite que je t'insulte ? Tu as eu des problèmes quand tu étais petit ? »
- « Je me souviens que Florent me faisait jouir deux fois par jour. »

En revanche, ce qui semble marcher à tous les coups : « T'es beau. » Selon 87 % des femmes, c'est l'argument qui leur a permis d'arriver à leurs fins[1]. Finalement, ils nous ressemblent plus qu'on ne le croit.

1. *Le Kama Sutra des Paresseuses.*

Le langage du corps

Tout verbaliser n'est pas forcément la solution la plus subtile pour faire comprendre les choses à Paul. Misez sur le langage du corps pour lui faire comprendre :

- Envie d'être attachée ? Attendez-le lascive, dans le lit, une menotte déjà fermée sur votre poignet. Il devrait pouvoir recouper les informations.

- Vous avez envie de lui ? Embrassez-le progressivement : cou, nuque, ventre, en vous déshabillant.

- Vous avez envie de prendre le dessus ? Choisissez une posture amazone en bloquant ses poignets avec vos mains.

- Vous avez envie de vous extraire de ce repas de famille chiant comme un film d'auteur cambodgien ? Envoyez-lui un texto interdit aux moins de 35 ans.

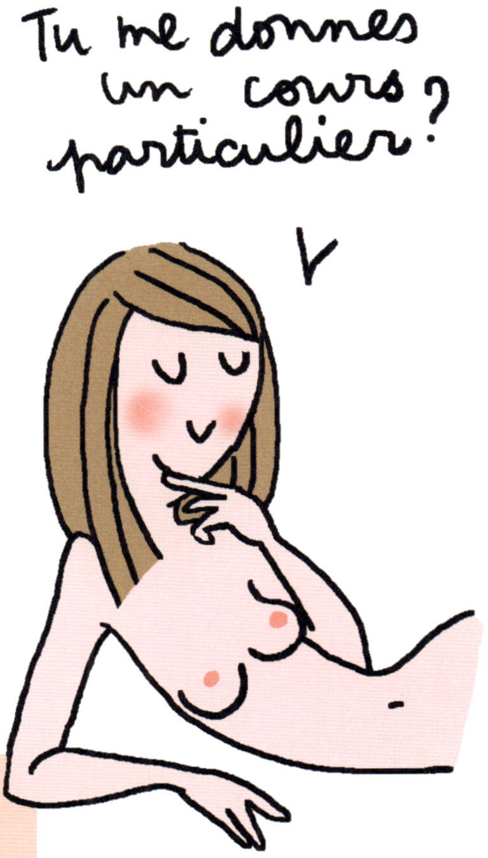

Le mantra du jour

« C'est la complicité qui sauve de la morosité la sexualité d'un couple amoureux. »

chapitre

7

FANTASME

Parfois, on a envie d'une énorme glace à 3 heures du matin et, parfois, on rêve d'une robe de créateur qui nous coûterait un mois de salaire… Heureusement, on ne satisfait pas toujours nos envies, sinon, on se retrouverait grosse et pauvre. Parfois, notre imagination nous conduit dans une station-service désaffectée en train de payer le plein en nature à un Brad Pitt pompiste (« Oups, j'ai oublié ma CB »). Fantasmer, c'est bon pour vous, c'est bon pour Paul, et c'est sans limite !

Les fantasmes ne viennent pas des pieds

Les fantasmes sont des images mentales qui dopent la sexualité, le désir, l'excitation. Ces constructions imaginaires naviguent bien souvent entre pulsions et interdits. En psychologie, on en distingue deux grands types :

Le fantasme érotique permet d'obtenir une jouissance en inventant des situations difficilement réalisables dans la vraie vie : « Coucher avec Mozart en apesanteur dans votre chambre d'enfant ».

Le fantasme sexuel, lui, reflète une envie sexuelle concrète : « Une orgie avec cinq inconnus ».

Tout le monde rêve (certains ont une mémoire de bulot et ne s'en souviennent donc pas), et tout le monde a des fantasmes. Ce qui ne veut pas dire que la population mondiale est composée de 99,9 % de pervers psychopathes. Nous sommes simplement une espèce de doux rêveurs.

ALICE AU PAYS DES MERVEILLES

Seule dans le noir, vous commencez à vous caresser... et là : horreur ! En laissant aller votre imagination, vous vous retrouvez excitée par une scène torride entre un crocodile et un Teletubbies ! En rêve, vous pouvez jouir de tout sans en avoir honte, explorer de nouveaux scenarios, coucher avec le serveur du café du coin qui vous fait de l'œil... Vous vous explorez, vous vous caressez doucement, ou plus intensément. Le lubrifiant devient votre meilleur ami et vous vous envolez au pays des merveilles ! Tout cela n'est que pure fiction, point besoin de psy, cela ne veut pas dire que la prochaine étape sera une partie de jambes en l'air avec Paul déguisé en Laa-Laa au Crocopark.

DU RÊVE À LA RÉALITÉ

Selon une étude Sofres, 60 % des hommes déclarent qu'il faut réaliser certains fantasmes pour avoir une vie sexuelle épanouie (bien sûr, ils sont plus enclins à rendre réelle une orgie avec des mannequins, qu'à vous observer faire l'amour avec un autre). Réaliser certains fantasmes peut mettre du piment dans le couple, mais attention, cela peut être dangereux si vous n'êtes pas d'accord sur absolument tout avant de le réaliser. Cela peut générer aussi une certaine frustration et une grande déception. À vous, donc, d'en parler avec Paul. Et n'oubliez jamais qu'avoir un jardin secret est tout à fait sain ! (Cela ne regarde que vous si l'affreux Gollum vous excite.)

À quoi ça nous sert ?

Métro-boulot-gastro, votre quotidien n'est pas toujours très glamour. Les fantasmes participent à votre bonne santé psychique en vous permettant la grande évasion. Si vous rêvez du trio Paul-son collègue Greg-vous, ça ne veut pas dire qu'au fond vous souhaitez que Paul ait deux pénis. Simplement que la perspective de DEUX hommes (la goulue !) qui s'occupent de vous est un bon moyen de vous faire avoir un orgasme en 4′ 32″ (le temps que votre barquette réchauffe dans le micro-ondes à la pause dej'). Souvent, masturbation et fantasmes sont très mal perçus et considérés comme l'apanage de personnes frustrées. Chez les Paresseuses, au contraire, on croit que l'épanouissement passe par le lâcher-prise ! (Et chez nous, tout le monde a bonne mine, au passage...)

FANTASME DES HOMMES VS FANTASMES DES FEMMES

	HOMME	FEMME
1	*Deux femmes (comme c'est original !)*	*En plein air*
2	*L'inconnue (auto-stoppeuse)*	*Au bureau*
3	*En public*	*Avec un inconnu*
4	*Être attaché*	*Soumise*

Finalement, tout cela n'est pas d'une grande perversité. Mais souvent, les fantasmes les plus fous doivent rester au creux de votre tête… ou de votre bas-ventre.

Grand tabou : *le fantasme de l'agression*

Le plus compliqué dans le fantasme, c'est quand il flirte avec la frontière de l'interdit, de l'immoral. Le viol fait partie de ces situations barbares, et pourtant, c'est un fantasme très répandu et qui ne fait pas de vous une femme désireuse de se faire agresser, loin de là ! Vous êtes simplement attirée par l'idée de la soumission... À creuser avec Paul. Souvent, dans nos fantasmes, nous sommes attirés par tout ce que nous ne sommes pas dans la vie... Si vous saviez le nombre de grands présidents du CAC 40 qui aiment se faire fouetter le soir par Maîtresse Domina ! (À partir de cette phrase, vous regarderez différemment votre patron arrogant !)

Le mantra du jour

« Les pieds sur terre, le sexe sur la lune. Notre imagination est le plus puissant des aphrodisiaques ! »

chapitre

8

CETTE SORCIÈRE DE MÈRE NATURE

Instable, soupe au lait, susceptible, changeante, émotive, dépensière… Vous avez de la chance, les hormones peuvent justifier presque tous les défauts couramment reprochés aux femmes. Nombreux sont les hommes à ne pas vouloir croire que les humeurs féminines ne sont pas le fait de leur mauvais caractère inné, mais la faute aux variations hormonales, orchestrées par cette saleté de mère nature, qui joue avec vos nerfs, comme votre petit voisin qui apprend le violon… HELP !

QUELQUES CHIFFRES

La baisse de désir, un classique ! Alors, on ne dramatise pas, mais on n'est pas non plus obligée de l'accepter. Pour 63 % des femmes, c'est inévitable. 75 % de Paresseuses accordent de l'importance à leur vie sexuelle mais seulement 64 % en sont satisfaites... On espère que ce guide aidera[1] !

1. Sondage Top Santé/Haros interactive, 2009.

Je ne suis plus moi !

Hommes et femmes sont pilotés par des substances chimiques appelées « hormones ». L'endocrinologie (l'étude des hormones) prouve que, quel que soit le moment de notre vie (grossesse, adolescence, vieillissement), ces substances ont une influence importante sur la sexualité, le métabolisme, le développement des muscles, l'intelligence, le caractère, le sommeil, etc.
Ce n'est donc pas tout à fait votre faute si parfois, après une magnifique partie de jambes en l'air, vous êtes émue ; c'est pas tout à fait votre faute non plus si vous vous sentez moche, parfois. Le bon réflexe : vérifiez que votre pilule (si vous en prenez une) n'est pas trop dosée pour vous. Ce qui marche à tous les coups : profiter des coups de mou, blues, fatigue pour prendre soin de vous, c'est radical. Et à défaut d'être aimable, vous entretiendrez votre potentiel bombesque.

CE QUE LE SEXE FAIT POUR NOUS

- Il diminue les risques d'accidents cardio-vasculaires et fait baisser la tension artérielle.
- Il améliore l'humeur et le moral (ne faites pas comme si vous n'aviez pas remarqué comment après un orgasme dément tout passe, même les brocolis de la cantine).
- Il préserve la jeunesse, lutte contre le vieillissement et améliore l'espérance de vie.
- Il donne une belle peau, grâce aux hormones et à la transpiration. La production d'œstrogènes augmente la synthèse du collagène, de la testostérone et de la DHEA (l'hormone qui nous aide à rester jeune).
- Il aide au sommeil, naturellement.

Les fuckin' anglaises

En période de règles, certaines Paresseuses ressemblent aux dragons des contes de fées. Il y a celles qui ont très mal, il y a celles que ça fatigue et celles que ça irrite. Pour que vos hormones ne jouent pas contre vous auprès de Paul, essayez à tout prix de vous détendre, tentez de prendre le pouvoir sur mère nature en rationalisant votre agacement. On sait, c'est pas si facile.

Astuce : Prévoyez ces périodes rouges et, si vous êtes (malgré vous) une garce dans ces jours maudits, ne prévoyez rien de romantique ! Profitez-en pour appeler les impôts, régler vos problèmes avec une collègue grognasse. Bref, détournez votre haine du lit conjugal.
Un conseil à Paul : Ne JAMAIS, au grand JAMAIS, dire à une femme : « T'as tes règles ou quoi ? » Vous avez lu Hulk ? Vous tenez à votre jugulaire ?

Recettes aux huiles essentielles pour vous calmer !

Respirez la paix : Versez 2 gouttes d'huile essentielle de lavande dans un bol d'eau chaude et inhalezles vapeurs d'eau. La lavande est calmante, apaisante, analgésique... Idéale pour les troubles du sommeil et du stress.

Diffusion calmante : Pour que Paul profite des vertus des huiles essentielles, déposez dans un diffuseur quelques gouttes d'extrait de mandarine. Il agit sur la tension nerveuse et le spleen.

Massage détente : Créez votre propre huile de massage « hormones en furie » en mélangeant de l'huile essentielle de sauge et de lavande à votre huile de base (8 à 10 gouttes pour 50 ml d'huile végétale). Frictionnez-vous avec cette mixture. Allongez-vous dans un décor à la lumière tamisée... La vue d'un corps nu et détendu peut provoquer une érection immédiate chez Paul. Si vous n'en avez pas envie, évitez de faire ça devant lui : il pourrait se venger en mangeant un gros burger pendant votre régime Dukon.

Prendre son pied

Les pieds sont riches en capteurs sensitifs, ce sont des zones érogènes importantes. Si les femmes asiatiques confinaient leurs pieds pour qu'ils soient minuscules, c'était pour qu'ils ressemblent à leur vulve !
Masser la plante des pieds, lécher le gros orteil, au-delà de la détente procurée, sont hautement érotiques. Il ne faut donc pas les oublier, surtout dans les moments où vous sentez qu'il est nécessaire de se détendre.
Pour que Paul prenne son pied et copie ses gestes sur vous : commencez le massage avec le plat de la main sur l'ensemble du pied et les chevilles. Faites ensuite des mouvements circulaires avec vos pouces à la racine des orteils. Terminez en massant ces derniers un par un... Pour aller plus loin dans le jeu, vous pouvez les sucer et observer l'effet sur Paul. On vous conseille d'éviter de lui faire ce massage après un match de foot sous la pluie, mais après tout, les goûts et les odeurs...

Le mantra du jour

« Si je ne suis pas d'humeur, j'explique pourquoi à Paul, mais surtout, je le rassure : ce n'est pas sa faute, mais celle de mes hormones ! »

chapitre

9

ON SE FAIT UNE TOILE ?

Ça et là on lit et on entend que les femmes n'aiment pas le X, mais les a-t-on déjà consultées sur le sujet ? Avez-vous déjà vu un film classé X dans de bonnes conditions ? Que savez-vous de ce genre cinématographique (oui, employons les grands mots !) à part que les filles y ont des ongles en plastique trop french manucurés pour être honnêtes ? Connaissez-vous les genres et sous-genres de cette boîte de Pandore en images ? Que de questions, que de frustrations… L'heure est à votre cul-ture !

Le genre érotique

Comme son nom l'indique, le cinéma érotique joue sur la suggestion et le désir. Autant vous dire que vous ne trouverez jamais de plan serré sur une pénétration, nous n'avons pas toutes l'âme d'une gynécologue. Il existe plusieurs écoles, celle de la peau de bête et des bougies (souvenez-vous des téléfilms du dimanche soir interdits aux moins de 16 ans), celle du cinéma classique des années 1980 où les scènes étaient finalement beaucoup plus suggestives qu'aujourd'hui. Et puis il y a le nouvel érotisme, un genre qui se développe sur le Web par la diffusion de courts-métrages érotiques réalisés... par des femmes.

Lettres brûlantes

Les images vous laissent de marbre ? Tentez la littérature, source inépuisable de douces sensations.

- ***Justine ou les infortunes de la vertu* (1791) Marquis de Sade**
- ***Contes pervers* (1980) Régine Desforges**
- ***Fantasmes de femmes* (2003) Collectif**
- ***Contes érotiques d'hiver* (2005) Pierre Bourgeade**
- ***Journal intime de mon sexe* (2009) Anonyme**
- ***Folies de femmes* (2010) Collectif**

Petite liste non exhaustive de films qui mettent les sens en éveil

- *Emmanuelle* (1975) de Just Jaeckin
- *Supervixens* (1975) de Russ Meyer
- *La Bête* (1975) de Walerian Borowczyk
- *L'Empire des sens* (1976) de Nagisa Oshima
- *Caligula* (1979) de Tinto Brass
- *Les Jours et les nuits de China Blue* (1984) de Ken Russell
- *9 semaines et demie* (1986) de Adrian Lyne

HENTAÏ

Ce terme japonais signifie « transformation », « métamorphose », « perversion », mais est utilisé en Occident pour désigner des mangas et des animations à caractère pornographique. Dans un monde complètement onirique (écolières de 18 ans qui ont une poitrine défiant les lois de Newton), les intrigues s'animent souvent autour du jeu soumission/domination. On suit des histoires d'adolescents découvrant leur sexualité, de jeunes filles initiées par des professeurs pervers. De quoi mettre des images sur des fantasmes difficilement assumables. Le plaisir féminin y est autant représenté que celui des hommes. Le Hentaï met aussi parfois en scène des femmes faisant l'amour avec des créatures étranges, pieuvres à tentacules en forme de sexe ou Bouddha nymphomane. C'est un genre très plébiscité par les femmes, beaucoup moins cru que le réalisme des vidéos. La référence : *Bible Black*, Milky Studio, 2001.

Le porno de garçon qui tâche les doigts

À l'heure d'Internet et des visionnages gratuits, le classé X est accessible à partir du moment où l'on est majeure. Il y a de tout, et pour tous les goûts, même les très très mauvais. Ces images sont en grande partie des productions américaines et c'est souvent aussi gras et raffiné que leur cuisine. Complètement orientés vers le plaisir masculin – fellation, gorge profonde –, les sites de streaming sont conçus pour que l'homme jouisse vite (moyenne des vidéos : 4 mn, scénario : 2 lignes). Les femmes couinent comme des chats à qui on aurait écrasé la queue, tout un programme !

Les Paresseuses, elles sont laissées de côté. Donc sauf si vous aimez l'ambiance femme gaulée comme un avion de chasse qui a des seins prêts à exploser en vol et un tube de gloss sur chaque lèvre... vous allez avoir du mal à vous identifier.

Rendez-vous alors sur secondsexe.com, vous y trouverez, dans un univers plus raffiné que celui du porno masculin, des articles, des accessoires, des nouvelles érotiques, mais aussi un cinéma proposant des films variés et plus originaux que la vilaine, vilaine secrétaire qui a oublié de mettre sa culotte et qui se fait réprimander par son vilain vilain patron moche.

Le défi du jour

Faire votre propre sex tape

Les + : Se savoir filmée peut amener votre côté exhibitionniste à redoubler d'efforts et de sensualité pour faire jouir Paul.
Les - : Se trouver grosse à cause d'un angle pas très bien choisi.
Se retrouver sur Internet comme Paris Hilton, sans l'héritage pour vous consoler de ce dérapage.

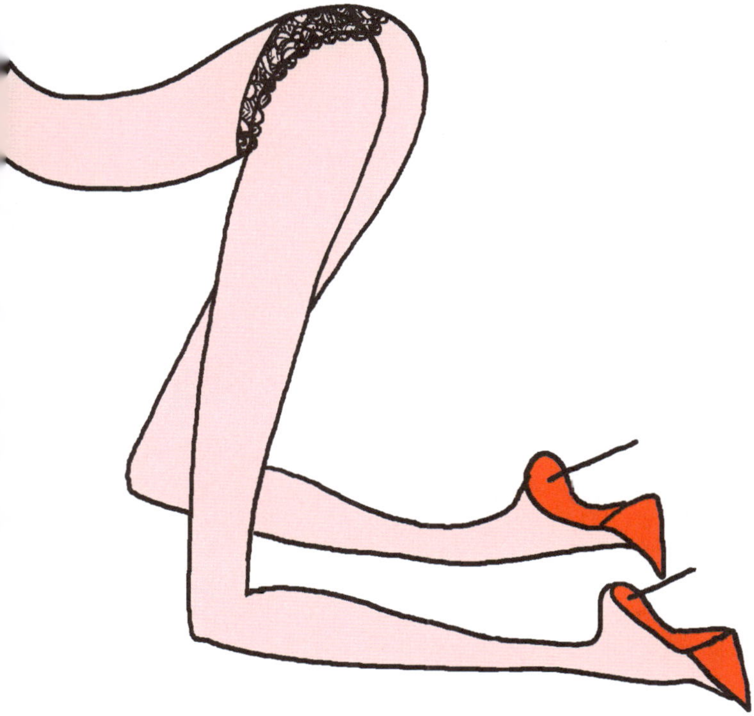

Le mantra du jour

« À défaut d'être à tous les coups excitant, le porno peut être une expérience drôle grâce au merveilleux jeu d'acteurs des stars du X. »

chapitre

10

RIRE AU LIT

Se prendre au sérieux n'est bon que pour les filles qui croient être Catwoman et qui pensent qu'il leur reste au moins six vies à vivre. Chez les Paresseuses, nous sommes conscientes que le temps est trop précieux pour faire la tronche. Prendre du plaisir, s'amuser, avoir du second degré et du recul sur soi, le tout allongée sur un épais nuage de barbapapa, c'est ça, le but ! Bourdes, loses sexuelles... Riez ! Ça donne bonne mine et ça fait de vous une fille légère, une de celles qu'on a envie de garder toute la vie.

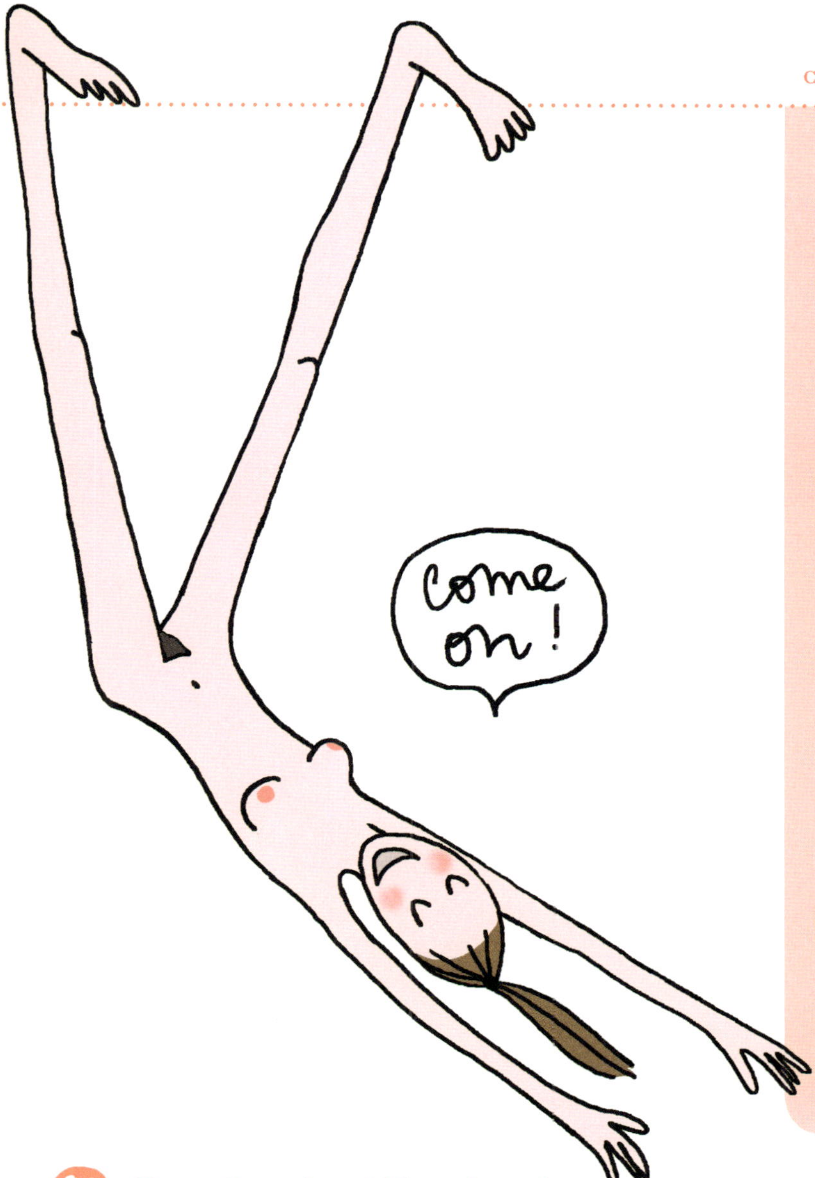

TOP 5 DES QUALITÉS RECHERCHÉES PAR LES HOMMES

Petit sondage réalisé par l'IRB (Indice Relatif du Bonheur), institut de sondage canadien indépendant en ligne.

- L'honnêteté : 30 %
- L'intelligence : 19,1 %
- L'écoute : 19 %
- Le sens de l'humour : 18,2 %
- La beauté : 16,2 %

L'humour passe avant la beauté, parce que l'époque où il fallait épouser une belle plante qui ne boit que de l'eau est définitivement révolue... et on ne va pas se plaindre !

Le rire facilite le rire

Quand vous riez, votre corps envoie au cerveau un message chimique, les endorphines, destiné à compenser es effets néfastes du stress. Il détend vos muscles et vous fait voir la vie sous un angle merveilleux. Il prévient aussi votre corps qu'il n'y a pas de danger pour vous et que vous pouvez vous détendre. Deuxième effet : votre rire envoie un message à Paul qui, par mimétisme, sécrètera la même hormone en riant, et suivra le même schéma qui mène vers la béatitude. Le rôle social du rire n'est plus à prouver, il désamorce les tensions et aide les groupes, et donc les couples, à se relaxer !

Le jeu qui allie sexe et humour : Le Twister nu !

Vous avez peut-être déjà joué au Twister, ce jeu américain composé d'un tapis avec des ronds de couleur et une girouette qui nous dicte où nous devons poser pieds et mains ? C'est drôle, ludique et nous fait tenir des positions incroyables. Le but : être le dernier sur le tapis en ne tombant pas ! Corser le tout : dès que Paul perd l'équilibre, faites-lui tomber un vêtement. Jouer au strip Twister, si cela ne vous conduit pas à faire l'amour à même la bâche colorée, vous procurera de bons fous rires car vous risquez de voir votre Paul d'un point de vue inédit.

Sexe et humour

Selon l'expression populaire, « Femme qui rit, à moitié dans ton lit ». Historiquement l'humour, le rire, la complicité ont toujours été associés à une relation intime entre deux personnes. Sachez que si vous avez un rencard avec Sébastien, le bel inconnu, et que ce dernier vous fait rire, vous lui envoyez un message chimique codé. En effet, ces rires sont liés à la tension sexuelle montante que vous avez besoin de relâcher. Vous êtes en train d'avouer à Sébastien qu'il est sur la bonne voie avec vous. On évite donc les rires de politesse offerts à votre voisin de palier collant. Ça risquerait de lui donner de faux espoirs.

Bruits bizarres et autres maladresses

Rire dans le couple, oui... mais pourquoi au lit ? Tout simplement parce que le sexe, comme toute autre interaction sociale, est un terrain qui peut amener des situations cocasses. Une latte de lit qui pète, un soutien-gorge qui craque, un bruit inattendu (levons le mystère, c'est parfaitement normal que les assauts du sexe de Paul provoquent des appels d'air dans votre vagin... c'est gênant, sauf si on décide que c'est drôle), etc. Bref, il y a beaucoup de moments qui pourraient mener au malaise. La solution, sans en faire trop : riez. Complimentez Paul : « Tu viens quand même de défoncer le canapé, mon Superman », moquez-vous de vous-même : « Ok, juste avant que je me vautre avec mes talons de travelo, j'étais sexy non ? »

Truc de Paresseuse

Une minute de rire correspond en calories à environ 15 minutes de marche. On vous conseille donc d'écumer les bars de stand-up pour être une bombe si les salles de gym ne sont définitivement pas votre truc !

Médecine hilarante

Petite synthèse des travaux des Drs Rubinstein, Kataria et Lee Berk pour vous montrer que le rire, comme le sexe (voir chap. 8) ont des bénéfices inestimables sur votre santé physique et morale.

- Élimination des toxines et réduction du cholestérol (les échanges pulmonaires favorisent la combustion des lipides), oxygénation de votre cerveau.

- Amélioration de la digestion ! Le rire est une gymnastique abdominale qui stimule la motricité intestinale. Votre rate se gonfle dans le rire, est massée et fait mieux son travail d'épuration du sang en gardant germes et cellules vieillies. Sexy !

- Préparation à un meilleur sommeil.

- Régulation de l'humeur : la sérotonine est un antidépresseur mais aussi un antimigraineux qui agit sur la régulation du sommeil. La dopamine a une action antipsychotique : rire réduit les sautes d'humeur.

- Et pour finir en beauté, les recherches tendent à prouver que le rire consolide les relations. En effet, le stimulus visuel provenant d'une personne riante est associé à une émotion positive. Faites-vous photographier mentalement par Paul en train de rire !

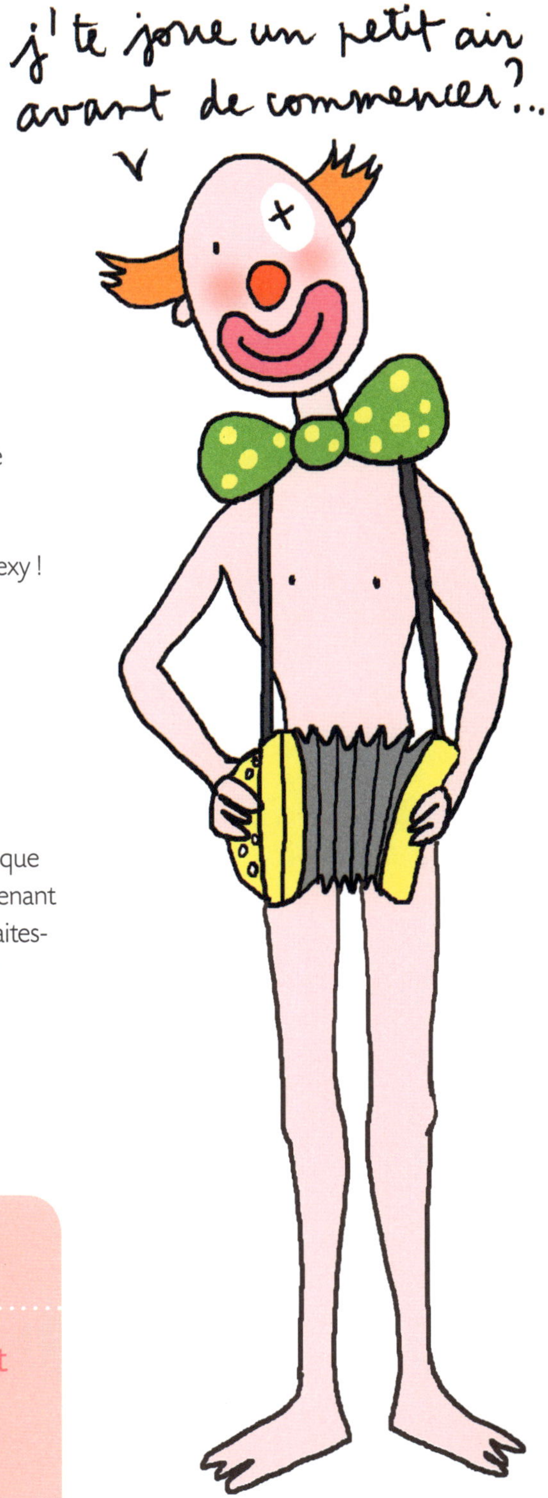

Le mantra du jour

« Rire à gorge déployée, comme on jouit sans entraves, fait de vous une bombe pour le corps et le cœur de Paul. »

chapitre

11

RÉCRÉATION

La cloche a sonné, vous posez votre cartable, c'est la sortie et enfin l'heure de s'amuser. Comme vous avez pu le voir, le sexe n'exclut ni l'humour, ni la fantaisie. Depuis qu'il est admis que les masseurs pour le visage qu'on vous vend par correspondance s'utilisent pour tout sauf le visage, vous pouvez assumer d'utiliser des jouets pour adultes. Après tout, ce n'est pas parce qu'on est grand, qu'on a pas le droit d'avoir une malle remplie de trésors… une malle à fermer à clé, on est d'accord !

La folie des sex-toys

Pas une semaine ne se passe sans voir un sujet « sérieux » sur l'économie du marché des sex-toys. Entre vibromasseurs classiques, mini, télécommandés (avec fil, sans fil), godemichés, lapins démoniaques, canards aux airs innocents, colliers de perles qui ne se mettent pas au cou, plugs... Un vrai parc d'attractions. Il existe bon nombre d'enseignes aux allures de boudoir qui vendent ces accessoires chic. Rassurez-vous, vous serez loin du tripot glauque avec jaquette de porno mal photocopiée.

Dictionnaire des jouets pour les débutantes

Liste non exhaustive, il faudrait un guide entier pour tous les connaître !

Godemiché (*dildo* en anglais) : Objet de forme phallique qui ne vibre pas (le feignant) et qui est destiné à la pénétration vaginale et anale. Parfois, on y ajoute une excroissance extérieure : petite, pour stimuler le clitoris, ou imposante, pour une double pénétration.

Vibromasseur : Jouet sexuel doté d'un mécanisme destiné à stimuler les zones nerveuses massées. Rassurez-vous, aucune électrocution n'est possible, les ingénieurs ayant pensé aux épitaphes douteuses en cas de mort par électrocution de sex-toy. Il en existe de toutes les formes, avec des picots, des textures différentes et plusieurs « bras », comme le Rabbit qui est de loin un des sex-toys les plus flippants au premier abord (« Tout ça pour moi ? »).

PHILTRE D'AMOUR

L'élixir satanique !

Pour 2 personnes

2 verres d'eau-de-vie de poire
1 c. à c. de gingembre en poudre
1/2 c. à c. de noix de muscade
1/2 c. à c. de cannelle en poudre
Le zeste et le jus d'1/2 pamplemousse rose

Laissez macérer pendant une nuit tous les ingrédients dans l'eau-de-vie.
Filtrez la préparation et réservez-la au frais[1].

1. À consommer avec modération, on ne voudrait pas ressembler à une mauvaise imitation de Coluche.

Plug anal : Comme son nom l'indique, s'insère dans l'anus. Il possède une extrémité évasée pour l'empêcher de se perdre à l'intérieur du rectum. Ah ah, encore une fois les créateurs pensent à nos possibles gênes aux urgences !

Boules de geisha : Association de deux boules en métal, reliées par un cordon en latex, métal ou autre, elles se placent dans le vagin. Chaque boule contient une bille métallique qui heurte les parois lors de chaque mouvement, provoquant des vibrations. Ces boules peuvent aussi vous aider à vous muscler le périnée. Accessoire indispensable à chaque Paresseuse !

Accessoires érotiques : En plus des sex-toys, il existe une kyrielle d'accessoires, pour celles qui ont peur d'être déroutées par un vibro en forme de dauphin. Menottes, tapette à fessées, gel stimulant (vendu en grande surface !), tarot du sexe, plume à caresses... On vous aura prévenue, il vous faut une graaaaande malle pour tout ça !

Et pour Paul...

Si les sex-toys pour femmes sont extrêmement démocratisés, pour les hommes c'est autre chose. Ces messieurs ont plus de mal à admettre qu'ils peuvent améliorer leurs performances avec des accessoires : « J'ai pas besoin de ça, moi ! » Prouvez à Paul que ces jeux ne remplacent aucunement son énorme, merveilleux membre superpuissant ! Et puis qui dit sex-toys pour hommes ne veut pas forcément dire pénétration anale... Ils peuvent desserrer les fesses.

Le conseil pour paresseux : Tester les Eggs ! Mieux qu'un Kounder surprise, offrez-en un à Paul, déposez du lubrifiant dans l'œuf et masturbez-le avec. Sa matière en élastomère le rend ultrasouple et extensible... Il s'adapte à toutes les dimensions de pénis, du plus petit au plus grand. Pas de complexe à avoir. Les paresseux qui ont essayé ont adopté.

Règles d'or de la diplomatie

Ne pas imposer de sex-toys à Paul avant d'en avoir parlé.
Ne jamais lui demander de porter un gode-ceinture (niveau émasculation 43).
Ne jamais débarquer dans la chambre vêtue d'un gode-ceinture (il risque d'avoir peur, voire de pleurer).
On ne prête jamais son sex-toy à une copine, non !
Il faut toujours laver ses sex-toys, surtout si vous multipliez les conquêtes.
On ne peut pas tomber enceinte d'un sex-toy (au cas où vous flippiez d'accoucher d'un minicanard aux yeux extatiques).

Le mantra du jour

«Vous avez le droit d'être une sale gosse capricieuse et pas prêteuse. Ce sont VOS jouets : interdit de les prêter à une copine ou à sa mère»

chapitre

12

NEW BURLESQUE, LAP DANCE…

Se faire déshabiller… voilà un vrai de vrai truc de Paresseuse. Une chose est sûre, ça laisse le temps de se faire admirer, à condition de ne pas avoir hérité d'un Paul maladroit et impatient, incapable de dégrafer votre soutien-gorge (il devrait y avoir des écoles pour ça !). Si vous voulez mettre le feu, autant prendre votre taureau perso par les cornes ! Dita Von Teese, Kim Basinger et autres Dirty Martini n'auront qu'à aller se rhabiller.

Déshabillez-moâââ !... Non ? Bon. Je vais me débrouiller toute seule.

Il existe plusieurs écoles en matière d'effeuillage : strip-tease simple, lap dance, pole dance, new burlesque... À vous de faire votre marché, et de piquer ce qui vous plaît !

Le pole dance nécessite une barre, en général en métal, autour de laquelle sont autorisées les acrobaties les plus dingues. Le diamètre de la barre varie selon les pays, mais il est censé permettre la préhension d'une seule main, y compris pour les sauts (à ne pas imiter chez soi sans la surveillance d'un adulte, merci). C'est une discipline très complète, à tel point que des compétitions s'organisent... Une idée de reconversion ?

Le lap dance est une forme de strip-tease qui a fait ses preuves : appelée aussi « danse-contact », elle peut être une forme de préliminaires intéressante... Généralement pratiquée par des pro dans des bars spécialisés aux noms exotiques, elle prendra pour Paul toute sa saveur si c'est vous qui vous y collez.

Le new burlesque demande un peu de logistique : bas coutures, cache-tétons (il en existe pour tous les goûts : en forme de cœur, d'étoile, de cerise, à pompons), make-up appuyé... Mais c'est vraiment la forme la plus spectaculaire de strip-tease. C'est aussi celle qui l'a rendu plus *glamour* que *gluant*.

DANS CULTURE, IL Y A...

Voici quelques films sur le sujet qui vous donneront peut-être envie de tenter l'expérience.

On recommande tout particulièrement le magnifique *Tournée* de Mathieu Amalric, tendre et onirique.

***Showgirls* de Paul Verhoeven, un méga navet, mais Elizabeth Berkley, c'est aussi *Sauvés par le gong*, et ça, ça n'a pas de prix.**

***The Full Monty* de Peter Cattaneo, ou quand le strip s'invite chez Ken Loach. On rigole un bon coup.**

***9 semaines et demie* d'Adrian Lyne : pour la scène géniale de strip-tease de Kim Basinger, couvée du regard par un Mickey Rourke zéro-botox. Y'a pas à tortiller, c'est sexe, les années 1980 !**

Paul aussi peut s'y mettre

Qui a dit que le strip-tease était réservé aux filles ? Si Paul émet quelques réserves, mettez-le au défi ! En général, ça fonctionne, les hommes détestent être « pas cap' ». Le seul souci, c'est que l'image de *Full Monty* et de ses ouvriers pas hyper sexy qui dansent sur *Hot Stuff* colle à la peau de la pratique. On serait tenté de lui montrer des vidéos de chippendales, mais pas sûr que ce soit moins ridicule de l'imaginer déguisé en marin huilé bien décidé à vous montrer qu'il en a dans le string. Interdit de rire et, si c'est plus fort que vous, faites passer vos larmes pour de l'émotion.

L'attirail de la pin-up chevronnée

Plutôt que de vous pelotonner, comme chaque soir, dans votre pyjama géant en pilou de molleton, faites claquer les bretelles ! Bien sûr, on met de côté ce qui est « con-for-table ». Le confort n'a pas lieu d'être dans ce genre de circonstances. N'ayez pas d'inquiétude, ce n'est pas si grave : si votre numéro est bien ficelé, en 10 minutes maxi, vous jouirez sans entraves.

Voici le matériel indispensable :
De quoi vous mettre sur le dos (eh oui, pour se déshabiller, il faut... être habillée, n'est-ce pas ?).
Une certaine assurance (ne s'achète nulle part, mais on n'a pas dit que ce serait simple).
Une bonne dose d'humour (tapez, juste comme ça, pour voir, sur Youtube : « chute pole dance »).
Une lumière tamisée (qui gomme la gêne et la peau d'orange).

En option :
Un short ras-des-fesses.
Des talons de 12 cm en plexiglas (généralement disponibles jusqu'à la taille 48).

Paresseuse mais ultrapro

Pour les Parisiennes, ou pour s'éclater lors d'un week-end à la capitale, allez donc faire un tour à la Pink School, école de la célèbre boîte de strip Pink Paradise. Elle compte aujourd'hui plus de 1000 élèves par mois, et 13 cours hebdo. Cours de découverte, chorégraphies, burlesque... Avec ça, vous devriez trouver votre bonheur, et Paul aussi par la même occasion. Les filles du Pink sont des déesses envoyées sur Terre pour nous empêcher de reprendre de la tartiflette, mais passé l'envie de les pulvériser du regard, on ne peut rêver meilleures marraines pour entrer dans l'art du déshabillage.

Le mantra du jour

« Un petit derrière bien moelleux est bien plus gracieux à dévoiler qu'un croupion de coquelet. »

45 % des hommes préfèrent les femmes aux formes plantureuses. Par là, ils entendent sûrement par « généreux » les courbes de Laetitia Casta... mais c'est toujours ça de pris !

chapitre

13

NOM D'UNE PIPE EN BOIS !

•

Annie aime les sucettes ? Rassurez-vous, Paul aussi. Rares sont les hommes qui boudent le plaisir d'une fellation, si elle est faite avec intérêt (et sans coups de dents). Point besoin de s'appeler Marie-Gorge Profonde pour les satisfaire pleinement. Et qu'on se le dise, quelque part entre plaisir gourmand, pouvoir sexuel et préliminaires brûlants, vous risquez d'y prendre goût !

L'AST(S)UCE

Les hommes ne sont pas faits du même bois, alors à chacun sa pipe. Pour que Paul vous guide en finesse, faites-lui lécher votre doigt. C'est dans l'application de ses gestes qu'il vous dévoilera ses envies.

La spécialité des eunuques

Dans le Kama Sutra, seuls les eunuques pratiquaient la fellation. La femme était trop pure, selon les sages de l'époque, « tout comme le lait de la vache est pur, mais pas la bouche du veau ». Aujourd'hui, on trait les vaches avec des machines électroniques et il ne reste plus que les marques de dentifrice pour parler de la pureté de votre bouche dans leurs pubs. Vous êtes libre de passer l'oral !

Le rendre fou

Difficile d'imaginer ce que Paul ressent pendant la fellation, mais il paraît que c'est comme se faire lécher le gros orteil, en mieux (mouais…). Mais on comprend bien que la combinaison peau fine du sexe en érection + langue douce + salivation + mouvements de va-et-vient + position voyeuriste = « Oh mon Dieu, je ne me souviens plus de mon deuxième prénom ! »

FAITES DES PIPES, PAS LA GUERRE !

C'est une leçon que nous apprenons... des bonobos. Effectivement, ces singes règlent les tensions au sein du groupe avec des fellations et des masturbations mutuelles. La nature n'est pas toujours mal faite...

Sucer ET s'amuser

Vous êtes généreuse, mais pas mère Teresa. Qui dit fellation, ne dit pas que Bruno s'éclate, pendant que vous, vous en profitez pour réviser votre table de 7. Vous avez son sexe dans votre bouche, vous dictez ses souffles, ses râles... Vous êtes à ce moment précis une déesse toute-puissante. Pourquoi ne pas vous caresser en même temps ? Si vous êtes capable de vous faire les ongles en tapant un mail, tout en suivant *Mad Men*, vous pouvez à la fois lui faire plaisir et vous faire plaisir.

L'explosion en bouche

On dirait le titre d'un plat d'un candidat de *Top Chef*... mais hélas, quand on a fait le choix d'avaler, c'est rarement par pur épicurisme. Des précautions sont à prendre car, même s'ils sont méconnus, les risques de contracter des IST lors d'une fellation existent. La fellation sans préservatif, c'est donc uniquement avec une personne sûre ! Pour éviter de choisir entre le goût sperme âcre et la saveur latex collant, beaucoup de fabricants ont mis sur le marché des préservatifs aux saveurs exotiques... Tant que c'est NF, vous pouvez vous régaler avec l'arôme goyave des Maldives !

Top 5 des astuces de Paresseuses

À chaque problème, sa solution.

Elle est trop large et je ne suis pas une oie !
Engloutir une religieuse au chocolat d'une seule bouchée ne vous fait pas peur, mais le sexe de Paul appartient à une autre catégorie. Allez-y progressivement et inclinez-vous dans une position confortable...

Elle est trop longue et je ne suis pas avaleuse de sabre.
Le palais a une mémoire et le sexe de Paul ira chaque fois un peu plus loin dans la gorge. On ne force pas, on le garde en bouche plus longtemps pour le mémoriser et apprivoiser l'anaconda.

J'ai mal aux joues
On s'entraîne : tous les jours, on mâche du chewing-gum et on répète 10 fois X et O de façon très prononcée (et sans témoin).

Je fais quoi de mes deux mains ?
Vous pouvez accompagner les caresses buccales d'une masturbation rythmée. Se masturber reste un excellent moyen de s'exciter pendant une fellation.

Il est long... à venir.
Si vous avez l'impression d'être sur le même magnum depuis 6 heures et que vous avez appliqué les 4 méthodes précédentes, passez à la vitesse supérieure en vous asseyant sur Paul. Et là, la surprise et le contact de votre sexe devraient lui être fatals !

Le mantra du jour

« Je fais une pause entre chaque étape, comme si j'allais le laisser en plan, puis je reprends là où je me suis arrêtée. »

Astuce d'eunuque... infaillible !

chapitre

14

SEXE VERSUS SENTIMENTS… LE CHOC DES TITANS !

Vous êtes amoureuse de Paul ? Son sourire, et même sa façon très personnelle de grignoter les restes oubliés du repas de la veille… L'amouuur avec un grand A comme dans… ATTENTION !!! Tapi dans l'ombre, le quotidien guette. S'aimer ne doit pas être l'antonyme de faire l'amour !

Piège 1 : la tendresse

La tendresse est une composante essentielle des rapports amoureux. Gestes câlins et attentions douces scellent la relation sentimentale. Le problème étant que « tendresse » s'oppose souvent à « passion ». Surveillez ces deux éléments fondamentaux de la relation, pour maintenir un niveau *hot saucisse* sous la couette. Les câlins qu'on se fait dans l'obscurité, le cœur battant, sont aussi appréciables quand ils surviennent après une partie de jambes en l'air olympique !

Piège 2 : la paresse

Ce qui est bien quand on vit à deux, c'est qu'on n'a pas la pression du « Ce soir, on s'est pas vus depuis une semaine, donc il faut impérativement qu'on fasse l'amour. » Il n'y a plus d'agenda sexuel, et s'endormir sans passer à l'acte n'est pas une affaire d'État. Une baisse de la fréquence des rapports est observée chez tous les couples de plus d'un an d'existence. On le fait moins, mais souvent mieux. Le danger : pour les plus Paresseuses, la flemme devient un argument de destruction massive de libido. Pourtant, point besoin de se transformer en étoile de mer pour se reposer pendant le sexe. Optez pour des positions moins physiques qu'une levrette sur un ballon gonflable. Allongée sur le ventre, par exemple, laissez Paul jouer et vous pénétrer.

BAISSE DE LIBIDO NE VEUT PAS DIRE MORT SUBITE DE LIBIDO

Vous n'avez pas envie ce soir… comme depuis deux semaines, il faut l'avouer. Les femmes ont une vie hormonale (voir chap. 8) qui a une emprise réelle sur leur désir. Un patron insupportable, une mère en pleine dépression, une enchère perdue sur Internet, ce soir vous n'avez envie que d'une chose : vous réfugier dans les bras de Paul… sans plus. Lui, il est là, fou de désir, la grande voile hissée… Soyez généreuse ! Ce n'est pas se prostituer que d'offrir à Paul quelques minutes de plaisir sans rien attendre en retour que toute son attention. Paul sera sans doute plus enclin à écouter vos problème avec Sonia qui a dit à Machin que vous étiez une connasse alors que c'est elle la connasse parce qu'elle a couché avec Jérémie alors qu'elle était encore avec Réda… Quelle connasse !

Beauté : Rompez avec vos poils !

Une solution dermatologique efficace et qui a fait ses preuves : l'épilation au laser. Plébiscité par un nombre toujours plus grand de Paresseuses, la technique permet après quelques séances (entre 3 et 10 en fonction de la zone et de la pilosité) d'en finir avec les fuckin'poils qui vous gâchent la vie. Pratiquée par les dermatologues, ce qui est rassurant, ce traitement est l'assurance d'être toujours toute douce et que Paul ne découvre jamais que vous êtes la fille naturelle de Frida Kahlo. C'est coûteux, mais pas autant qu'une vie entière de produits d'épilation. Un investissement sûr !

Piège 3 : l'habitude

Le plus excitant, quand vous rencontrez un inconnu, c'est justement que tout est à découvrir : sa peau, son odeur, son corps. Vous êtes en couple avec Paul depuis 3 ans, et vous connaissez jusqu'à son petit grain de beauté en forme de poire sous la fesse gauche. Vous savez ce qui le fait jouir en 3 secondes (Scarlett Johansson), et il sait comment vous donner envie de lui (quand il vous compare à Scarlett Johansson). Plus de surprises ! Un remède : faites l'amour les yeux bandés, dans un autre endroit que votre lit. Il suffit parfois de bousculer une seule habitude pour retrouver la sensualité. Attention, une fois les yeux bandés, n'imaginez pas que vous êtes dans les bras d'un autre homme, il est prouvé scientifiquement qu'appeler Paul « Baptiste » nuit à l'érection.

Offrez lui une sexcapade

On se moque de l'endroit géographique, point besoin d'aller à Acapulco pour offrir un week-end torride à Paul ! Si vous ne disposez que de peu de temps ou que les finances sont serrées, prenez une belle chambre d'hôtel... dans votre ville ! Le tout est de dormir ailleurs et de ne sortir de la chambre sous aucun prétexte...

Piège 4 : le laisser-aller

« Flemme + quotidien + habitude », voilà l'équation parfaite du laisser-aller. Il vous a connue pimpante, les ongles toujours faits, le cheveu brillant et la peau douce. Aujourd'hui, vous traînez dans un jogging interdit de vente depuis 1993, votre pull est une ode aux années 1970, vos cheveux se rebellent et vos ongles donneraient envie de se suicider à n'importe quelle New-Yorkaise normalement constituée. Jacqueline, vous vous laissez aller ! Être belle au naturel ne veut pas dire avoir la dégaine de Mme Deschiens. De temps en temps, et surtout pas pour une occasion spéciale, imaginez la fille que vous étiez au premier rendez-vous et offrez cette madeleine de Proust à Paul. Ce dernier n'est pas exempté de prendre soin de lui. Les hommes ne comprennent rien aux allusions, si vous trouvez qu'il file un mauvais coton : dites-le-lui… Mais gentiment !

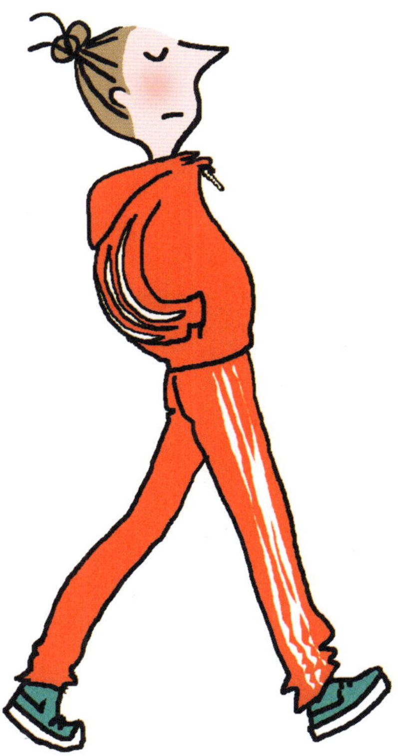

Le mantra du jour

« L'amour ne doit pas être un tue-l'amour ! »

chapitre

15

LEÇON DE PIMENT

Le quotidien, si on ne l'entretient pas, peut devenir le sombre passager de votre vie de couple. La routine est la principale responsable des engueulades : « J'en ai marre de te demander de fermer la lunette des WC ! » Allez, on se détend et on met du piment dans sa vie sexuelle : renouveau assuré !

Les sextos, sexmails

La technologie permet à la plus timide d'entre vous d'oser allumer, draguer, tout cela sans avoir à affronter le regard de la personne qu'on convoite. Planquée derrière un écran, glissez dans un mail totalement banal quelques photos torrides. Si vous êtes éloignée de Paul, profitez de cette solitude pour lui détailler par le menu ce que vous feriez s'il était là, tout de suite, entre vos cuisses.

Mais attention ! Prudence est mère de raison...

En open space, on ne laisse pas ouverte la fenêtre de sa messagerie perso ! Ni à la maison, si on a des ados curieux (niveau crédibilité perdue : + 172).
Les mails s'envoient de votre boîte personnelle, la plupart des entreprises ont la main sur votre boîte pro (regardez votre contrat) on voudrait pas qu'Abu du service informatique soit au courant de votre aventure avec le DRH.
Idem pour votre téléphone portable, gardez-le toujours avec vous, il ne faudrait pas qu'une âme malveillante apprenne que vous êtes une petite perverse après 22 h.
Si vous avez trop bu, confiez votre portable à une amie. Les textos avinés envoyés après deux heures du mat' à votre ex sont catastrophiques pour l'ego (et la langue française) : « Z'ai tro bu é ton sex hénorm me banque hihi. » Euh... ?

REPAS DANS LE NOIR

Pour les célibataires, un resto parisien propose des dîners *speed dating* dans le noir (danslenoir.com). Les groupes sont toutefois faits par âge (pour limiter la casse). Une expérience sensorielle intéressante, même si, parfois, la déception, comme sur les sites de rencontres, peut être au rendez-vous...

Petite jalousie entre amants !

Gentil flirt avec le serveur, prénom masculin égrené plusieurs fois au cours d'une conversation : « Mais si, tu sais, mon nouvel assistant qui a 25 ans et qui est champion de kung-fu et ex-mannequin ! » Titillez-le sans l'énerver. Bien sûr, si Paul est du genre à se mettre en rogne parce qu'un homme vous a tenu la porte dans le métro, ne vous amusez pas à jouer à ce jeu, et apprenez la boxe au cas où. Idem pour vous, interrogez-le sur les filles de son bureau. Après tout, savoir que Paul a du succès, c'est flatteur et ça booste votre envie de lui prouver qu'il a fait le bon choix (même si vous n'avez pas le ventre zéro défaut de sa grognasse de secrétaire, Katrina).

Surpriiiiise !

Voilà qui casse les genoux du quotidien. Quelques petites pistes pour chambouler la routine :

Transformation

Un soir où il ne s'y attend pas, attendez Paul vêtue de tout ce qu'il préfère : généralement le maquillage outrageux, combinaison jupe trop courte, bas couture et décolleté seulement autorisé sur une plage nudiste ; ou son contraire : Manon des sources, peu de maquillage, une chemise d'homme et rien en dessous. Il sera forcément heureux de l'attention. Par précaution, assurez-vous que sa semaine au travail est plutôt tranquille et évitez le mercredi, qui est le pire jour de la semaine en termes de fatigue et de moral (jour coincé entre deux jours travaillés).

Pile ou face

On jette une pièce en l'air. Pile, Paul est votre esclave, face, c'est vous. Le jeu soumission-domination est un grand classique, et puis entendre Paul vous donner des ordres, ça inversera un peu les rôles ! Il paraît que c'est le côté pile qui tombe le plus souvent... C'est mal, de tricher...

Reflet

Faites poser plusieurs miroirs dans la chambre. Se voir faire l'amour dope le plaisir. Quant à Paul, il sera heureux de voir à quel point son corps se muscle quand il vous visite en levrette.

Le mantra du jour

« On pimente, on pimente, mais pas tout le temps... Seulement quand le quotidien commence à ressembler à un film français au titre incompréhensible. »

chapitre

16

KAMA SUTRA

Un peu de lecture avant les travaux pratiques.
Tout le monde vous parle du Kama Sutra…
mais est-ce que ce vieux guide
(qu'on date entre les IVe et VIIe siècles apr. J.-C.)
peut sincèrement vous inspirer,
à une époque où l'on sait dès 14 ans
ce qu'est une levrette ?
Le plus du Kama : la poésie !

Kama Su-quoi ?

De Kama (amour) et Sutra (règle) : en gros, c'est un traité (initialement en sanskrit) censé vous donner toutes les clefs de l'amour, soit 2 200 versets de conduites amoureuses en 7 parties. En fait, une seule partie traite de la sexualité. « L'union sexuelle » fait fantasmer et inspire depuis des siècles, en passant au crible toutes les techniques amoureuses. Initialement, le guide s'adressait aux maris. Puis il s'est ouvert aux femmes mariées. Aujourd'hui, on peut être une punk bisexuelle, avoir 4 amants et un chien et se l'offrir... C'est beau, le progrès !

CROYANCE POPULAIRE

Pour évaluer la taille du sexe d'un partenaire potentiel, plusieurs croyances sont utilisées.

- La forme de la lunule : la partie blanche en demi-lune de l'ongle du pouce indiquerait, selon sa largeur, si le sexe du propriétaire est plus ou moins gros... Dites donc vous, quelle lunule !
- La distance comprise entre l'extrémité de l'index et la paume de la main correspondrait à la longueur du pénis en érection.

Chez les Paresseuses, on ne croit que ce qu'on voit, et on pense qu'il n'y a rien de mieux qu'un double décimètre posé à la racine d'un pénis pour mesurer l'engin de Paul. Et puis qu'importe la taille, pourvu qu'il y ait l'ivresse.

LA PÉNÉTRATION SELON LE KAMA SUTRA

Le pénis s'appelle « linga » et le vagin « yoni », et c'est bien plus exotique...

Les 8 techniques de pénétration du Kama Sutra sont décrites ainsi :

- **Le frottement : du linga et du yoni l'un contre l'autre.**
- **Le contournement : le linga en main, il tourne autour du yoni.**
- **Le percement : le linga fend le Jaghana (entre le nombril et les cuisses) pour atteindre le yoni.**
- **Le frappement : comme son nom l'indique, le linga frappe le yoni et appuie.**
- **Le vent : le linga entre vite, ressort aussi vite, puis rentre de nouveau dans le yoni.**
- **Le repassant : le linga passe et repasse sur un côté du yoni, de nombreuses fois.**
- **L'alternant : le linga fait la même chose, mais alterne un côté et l'autre.**
- **L'envolement : va-et-vient rapide et sans retrait.**

Inspiration

Il y a 8 thèmes majeurs dans le chapitre « Union sexuelle » : étreintes, baisers, griffures, morsures, positions au lit, sons à produire (avec la bouche), inversement des rôles et fellation. Il y est dit qu'il faut s'accorder en taille, en intensité de l'ardeur et en durée. Il existe 4 étreintes préliminaires aux noms poétiques : enlacement de la liane, grimper à l'arbre, mélange des grains de sésame et du riz, mélange de l'eau et du lait... On n'est pas toujours sûr de savoir où ils veulent en venir, mais c'est bien joli, non ?

Truc de Paresseuses

Dans toutes les bonnes bibliothèques, il faut une belle édition du Kama Sutra, les reproductions de gravures, les conseils pour garder un homme au foyer... Tout cela est loin de nous, mais c'est de l'Histoire et un cadeau qui fera toujours son effet (même à vos parents). Pour les super-Paresseuses, qui ne veulent pas prendre la peine d'ouvrir leur manuel de Kama Sutra, il existe désormais des *love coach* sur Internet.

chapitre

17

TRAVAUX PRATIQUES

Vous raconter l'histoire du Kama Sutra est une chose, mais il fallait bien vous faire un peu travailler. Voici 5 positions qui ne demandent pas forcément d'avoir des côtes en moins ou une colonne vertébrale en caoutchouc ! Tester de nouvelles positions vous permet de recevoir le sexe de Paul d'une autre façon. Déroutant.

1. *La charrue (avant les bœufs)*

La position : Allongez-vous sur le dos, les fesses calées en bout de lit. Vos cuisses doivent venir enserrer la taille de Paul, qui est assis en face de vous. La pénétration n'est pas profonde mais c'est là tout l'intérêt. C'est surtout le début de votre vagin et le gland de Paul qui vous font la fête ! Youpi !

Côté cool : Idéal pour les Paul à la verge longue.
Côté moins : L'amplitude des mouvements de Paul est réduite, surtout s'il tient vos fesses, pour une meilleure prise.

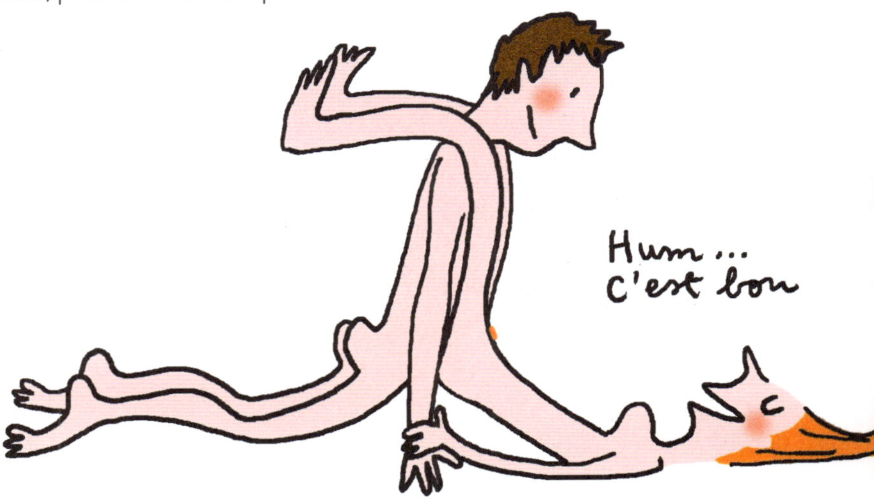

2. *L'enclume*

La position : Vos jambes doivent prendre appui sur les épaules de Paul (ha ha, facile). La pénétration peut être maximale dans cette position, vous devriez apprécier. À part vous caresser et faire vos abdos, vous n'avez qu'à vous laisser faire !

Côté cool : Idéal pour les vaginales et les sportives !
Côté moins : Pour le côté paresse, on repassera...

3. *Dirty lap dance*

La position : Assis sur une chaise, Paul vous attend sagement (une érection demeure nécessaire). À vous de le chevaucher avec entrain, c'est vous qui dictez le rythme. Alternez pour ne pas avoir de point de côté !

Côté cool : Le rapport de proximité qui permet de bien voir Paul jouir.
Côté moins : C'est vous qui faites tout !

4. *Le crabe (farci)*

La position : Chevauchez Paul, allongé sur le lit, en lui tournant le dos. Prenez appui sur vos jambes et vos mains pour maîtriser les ondulations. Paul, ayant les mains libres, peut vous caresser les seins ou le sexe, cool !

Côté cool : Ne pas voir Paul, mais sentir son souffle dans votre nuque, et ses mains partout, c'est grrrr.
Côté moins : Maîtrisez vos coups de reins, vous pouvez blesser le précieux membre de Paul si vous êtes trop violente.

5. *La balançoire des adultes*

La position : Paul, ce fainéant, est encore allongé sur le dos. Vous vous accroupissez sur lui, mais de dos. Une position adorée de tous les hommes pour la simple et bonne raison qu'elle offre un panorama complet de votre auguste postérieur.

Côté cool : Vous pouvez faire ce que vous voulez, même opérer une rotation pour embrasser Paul... Comme une toupie !
Côté moins : Des cuisses mises à rude épreuve.

Le mantra du jour

« Le sexe, c'est aussi du sport ! »

chapitre

18

TANTRISME

Le sexe n'est pas forcément brutal comme dans un match de rugby, ce n'est pas forcément non plus un rapport romantique privé de toute excitation… L'orgasme peut s'envisager comme une philosophie, un sommet spirituel à atteindre. Et puis, c'est une bonne raison d'obéir au slogan : « Faites l'amour, pas la guerre ! »

Le tan... quoi ?

Le tantrisme repose sur l'idée que l'amour physique doit se muer en une expérience transcendentale. Le sexe est alors vécu comme une forme de méditation où l'énergie sexuelle doit devenir spirituelle. L'échange des secrétions sexuelles y est particulièrement mis en avant. En gros, l'idée est que Paul contrôle son éjaculation afin de connaître un plaisir plus grand et plus entier pour vous et pour lui. Diverses techniques proches du yoga permettent de prolonger le temps d'excitation et la durée de l'érection. Rassurez-vous, point besoin de porter des vêtements informes qui sentent le bouc ou de se parfumer au patchouli pour être une Paresseuse tantrique !

KUNG-FU DU SEXE

Vous n'êtes pas la seule à devoir faire des efforts alors que Paul se la coule douce pendant votre musculation vaginale. Une idée pour accroître l'intensité de l'orgasme : quand Paul se sent prêt à jouir, il se retire de 3 cm de l'entrée de votre sexe et fait des va-et-vient courts en vous, puis plus profonds. Petite astuce pour contrôler son éjaculation : vous pouvez appuyer sur son périnée avec le doigt (n'hésitez pas à y aller franchement).

La semaine de régime

N'annoncez pas cela à Paul comme une mauvaise nouvelle mais comme une expérience cosmique à tenter : « Cette semaine, ma bête du Gévaudan, on va s'allumer tous les soirs et, vendredi, je vais te mettre la fièvre. »

Lundi

Commencez soft, en préparant un rendez-vous comme si c'était le premier. Ne vous touchez qu'au moment d'aller vous coucher, avec un baiser passionné... C'est peut-être même l'occasion de tenter le No Kiss Battle proposé dans le chap. 5.

Mardi

Même schéma que lundi, on choisit de prendre l'apéro ensemble, on éteint téléphone, télé et ordinateur et on prend le temps de se retrouver. Parlez de vos projets, câlinez-vous, frôlez-le... Mais attention, le jeu est de tenir jusqu'au vendredi soir !

Mercredi

Pour éviter toutes les tentations, allez au cinéma, choisissez un film un peu plus sexy que *Bienvenue chez les Ch'tis*. Laissez-le vous caresser dans la salle obscure.

Jeudi

Dernière ligne droite, envoyez-lui quelques textos bien ciblés qui l'aideront à tenir. « J-1, j'en peux plus, demain... » Le soir, tentez l'expérience d'une soirée, le jeudi c'est LE jour des *after-work* ! Ne vous parlez pas trop, à ce stade d'excitation, seul le regard suffit !

Vendredi soir...

On ne peut plus rien faire pour vous, vous êtes la proie de Paul qui se vengera comme il faut de cette diète.

Comment fait-on ?

Tantrisme pour les débutants

Comme expliqué plus haut, le tantrisme, c'est l'art délicat de repousser les limites du plaisir. On joue avec sa propre patience et celle de Paul. Exit le coït enchaîné rapidement sur le bord du lit ! Prenez le temps de jouer au sexe et d'atteindre le nirvana. Dans le tantrisme, on privilégie la position face à face. Elle permettrait aux chakras des deux partenaires de s'aligner et de s'accorder. Pour vivre l'expérience pleinement, asseyez-vous sur Paul à califourchon et profitez !

Expérience sensorielle

Plus poussée, vous pouvez tenter la technique qui consiste à vous faire face sans vous toucher, en balançant votre bassin d'avant en arrière, en contractant le périnée et en respirant profondément pour échanger vos souffles... Déroutant et à tester, croyez-nous !

Technique orientale

Resserrez votre vagin autour de son pénis, cette caresse appuyée est assez subtile. Paul, allongé, est complètement passif, les pros du tantrisme arrivent à jouir en 15 minutes sous les assauts de leur partenaire. Jouez entre resserrement et relâchement pour l'attiser. Si vous parvenez à tenir la distance, votre gynécologue sera tout ébahi que vous puissiez briser en deux son speculum... Vive la gym tantrique !

chapitre

19

ON SE DIT TOUT !

Quelle Paresseuse ne s'est jamais dit (malheureusement) au moins une fois une de ces quatre phrases ? Allez, soyez honnête et sachez que vous n'êtes pas seule !

« Avec lui, je m'ennuie au lit. »

Malgré des efforts surhumains (massages, bondage, sous-vêtements fous, jeux de rôles...), vous ne trouvez pas le bon rythme avec celui que vous aimez. Avant de paniquer, il faut se poser les bonnes questions : Est-ce comme ça depuis le début ? Avec les autres, était-ce différent ? Ai-je tout tenté pour que ça change ? Si votre réponse à ces trois questions est « oui », il faut en parler. Avec Paul, ou avec des amis de confiance. Si vous êtes sûre de vouloir rester avec Paul et que lui aussi est frustré, optez comme dans le film *Short Bus* (à voir absolument) pour des expériences différentes : tantrisme et thérapie de couple.

« Il éjacule trop vite. »

Jouir trop vite n'est pas l'apanage des hommes jeunes et inexpérimentés. Ça peut faire partie de l'explication, mais pas seulement. Une excitation très forte, un vagin musclé et serré... ou tout simplement le fait que vous êtes une déesse qui donne envie de jouir en deux secondes. La technique du départ arrêté (on commence, puis on s'arrête trois fois en faisant retomber l'érection à chaque fois) marcherait, selon les sexologues, à 90 %. Appuyer fortement sur le périnée retarde l'éjaculation. Sinon, parler de sa mère, de la facture d'électricité ou même rire (la technique de la diversion) donne du mou à Paul... mais ce n'est pas très sympa. Au pire, pour ne pas être frustrée, demandez-lui de s'occuper de vous en premier. Après avoir joui, vous vous ficherez pas mal de savoir s'il va suivre dans les trente secondes... au contraire !

SOYEZ HONNÊTE

D'abord avec vous, ensuite avec lui. S'il y a un coup de mou, on ne panique pas et on ressort le Wonderbra oublié au fond du tiroir. Ne mettez pas trop d'enjeu dans l'acte sexuel. Votre sexualité est sûrement à l'image de votre vie du moment : passionnée, morne, tranquille, à 100 à l'heure. Interrogez-vous plutôt sur votre vie, vos envies et votre relation avec Paul que sur vos aptitudes sexuelles, le reste suivra !

« On n'est pas compatibles physiquement. »

Vous êtes plus lourde que lui, il est plus petit que vous, son sexe est trop large ou trop fin, vous êtes trop étroite ? Il va falloir vous adapter, et ce ne sera pas si compliqué. Rares sont les couples génétiquement programmés pour se rencontrer, à part peut-être Barbie et Ken mais, après vérification, à part une balade dans un cabriolet rose, il ne se passe pas grand-chose dans le manoir de la princesse.

Évitez la levrette si vous avez des fesses trop rebondies et lui un petit sexe. Évitez aussi cette position si vous êtes étroite et qu'il a un anaconda (la pénétration dans cette position est extrêmement profonde). Préférez le missionnaire ou l'amazone.

Si vous êtes toute petite et que vous avez envie de faire l'amour debout, grimpez sur le canapé... Il existe une foule de combinaisons, il suffit juste de se creuser les méninges.

« *Je n'aime pas le sexe.* »

Aimer le sexe n'est pas une obligation, malgré le poids social qui pèse sur nous en la matière. Assurez-vous d'abord que cette affirmation n'est pas le fruit de votre manque d'expérience : un seul partenaire, une seule fois ne peuvent être l'occasion de bâtir des généralités. Dans ce cas-là, remontez en selle avec un homme qui vous met des papillons dans le bas-ventre.

Si le sexe n'est définitivement pas votre truc : assumez-le ! L'asexualité est l'état d'une personne qui ne ressent pas de désir sexuel. Ce n'est ni de la chasteté, ni du célibat. À ne pas confondre avec l'impuissance et la frigidité qui sont, quant à elles, liées à une incapacité biologique. Les asexuels se sont réunis en communauté dans les années 1970 pour exprimer leur choix : ils ont une vie amoureuse platonique, ils ont des contacts sensuels pour certains, mais ne trouvent pas de plaisir dans les relations sexuelles.

Si c'est votre cas, filez sur asexualite.org

Le mantra du jour

« Ça soulage de parler de tout ça... Ne l'oubliez pas, il ne faut pas avoir honte de ce qu'on ressent... sauf peut-être quand on fantasme sur un chanteur français qui beugle "Que je t'aime". »

chapitre

20

LE SEXE CÔTÉ VERSO

Sodomie… Un terme si doux pour une pratique comparable à un arrachage de dent sans anesthésie. Mal connue, taboue, gênante… Encore une fois, on ne vous a jamais dit si Cendrillon avait un backstage exploitable, et que les princesses pouvaient jouir par la lucarne. Préparation torride, goût de la nouveauté, révélation… Suivez-nous du côté obscur, jeunes padawans.

S'asseoir sur ses principes

« C'est sale, ce n'est pas fait pour ça. » Vos lobes d'oreilles sont-ils faits pour être percés et porter des ornements de deux kilos ? Êtes-vous sûre que votre bouche a été créée pour faire une gâter Paul ? La fellation est une pratique admise, la sodomie est le vilain petit canard de la sexualité. Soyez solidaire !

« Ça fait mal. » Tous les conseils qui suivent vous permettront de découvrir cette aventure dans les meilleures conditions. Les premières fois font toujours peur… Mais avant de dire « J'aime pas », il faut goûter, non ? Et puis, voyez le côté positif : vous êtes à nouveau vierge !

La piste noire

Une sodomie ne s'improvise pas ! On ne vous fait pas de dessin (sauf si Soledad le sent), mais la pratique nécessite une hygiène impeccable et, à l'heure où les bidets sont en voie de disparition, il faut vous occuper de cette partie-là seule (les poires à lavement sont idéales). Si vous jouez avec des sex-toys type plug anal, god, perles, etc., on est une parfaite femme au foyer et on fait sa petite vaisselle après.

NB : Ne pas oublier vos accessoires sur l'évier, surtout si vos beaux-parents viennent déjeuner.

AUSSI BELLE DE FESSE QUE DE FACE

- **Se muscler.** Voici un petit exercice qui, pratiqué régulièrement (donc plus d'une fois par an), vous dessinera la même paire de fesses que J-Lo (comme elle, pensez à l'ajouter à votre contrat d'assurances).
À quatre pattes, soulevez, tendez et battez vos jambes alternativement, à la manière d'un caniche nain qui se soulagerait contre un panneau de signalisation. Personne n'a dit que le sport et l'ego faisaient bon ménage. Répétez 10 fois.
- **Se lustrer.** Gommage + hydratation = la combinaison gagnante des fesses de magazines. C'est une zone mise à rude épreuve qui subit le poids de votre corps et de votre intelligence toute la journée… Chouchoutez-la.
- **S'épiler.** Ils ne sautent pas aux yeux, mais ils sont là, ces satanés poils ! On demande une épilation du sillon interfessier à son esthéticienne préférée. Un moment humiliant de plus, mais personne ne veut les fesses de Chewbaka.

PAUL, TOURNE-TOI...

Lors d'une fellation, il peut vous arriver de lécher le périnée de Paul, et celui-ci se cambre de plaisir ? Faites aller votre langue plus loin et jaugez ses réactions.

Un massage avec le pouce sur cette zone stimule de l'extérieur la prostate, l'équivalent de Space Mountain chez l'homme. Attention, tous ne sont pas ouverts sur la question. Si vous sentez la moindre gêne, revenez sur son sexe ! Si vous avez envie d'aller plus loin, vous pouvez enfoncer votre langue ou votre doigt. La technique : une fois dans Paul, pliez votre doigt... Attention, l'éjaculation est proche !

S'il se sent gêné d'avoir pris du plaisir ainsi (2 000 ans de domination, ça laisse des traces), passez une semaine à le rassurer à propos de sa virilité. Tout ça pour un doigt, quelle fillette...

Règles de base

Rassurez-vous, nous ne ferons pas comme si ce terrain était une zone lambda... Tout d'abord, elle est très fragile, et à moins d'être une vilaine, vilaine fille, la lubrification vous semblera impérative. Le gel doit être compatible avec le préservatif : IST et MST se transmettent aussi par voie anale.

Question timing

On évite de tenter ça après un resto mexicain. On évite aussi l'effet « quicky » entre deux portes au bureau. Et l'aller-retour entre vagin et anus est interdit car il peut provoquer des infections gynécologiques.

Question gêne

Prévoir des petites lingettes sur votre table de nuit, et après exploration et éjaculation, nettoyez le sexe de Paul. Les hommes ont souvent le sexe brûlant après l'amour, alors on prétexte le réflexe fraîcheur !

Le grand saut

Vous êtes prête ? « Progressivement » est le mot d'ordre. Paul peut commencer par un cunnilingus qui déraperait. Concentrez-vous sur sa langue : cette étape essentielle offre un aperçu du plaisir que l'on peut tirer de cette partie du corps. Après, c'est l'escalade, un doigt, deux doigts, son sexe, un jouet... Tout ce que vous voulez, si vous le sentez. En cuillère, la sodomie est plus douce : vous êtes allongée sur le côté et Paul, en chien de fusil, vient se glisser derrière vous. La position permet de se détendre et de se sentir plus proche de lui. Respirer, se caresser en même temps sont les meilleurs moyens pour s'exciter. Pour les premières tentatives, Paul doit être doux et vous écouter. Vous seule pouvez lui dire : « Vas-y, c'est boooon » ou « Stop, finalement, j'ai envie de faire un Scrabble. »

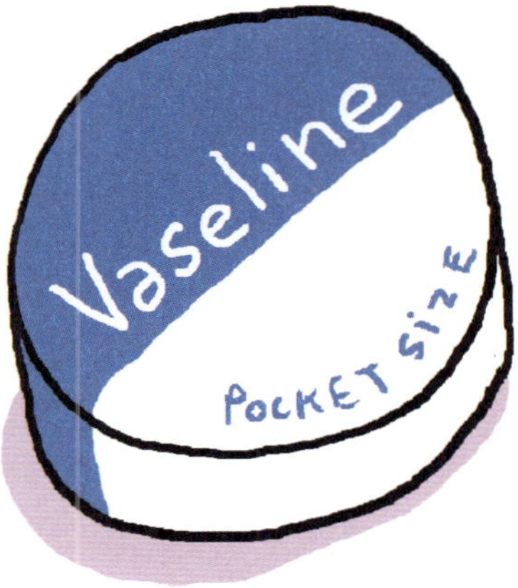

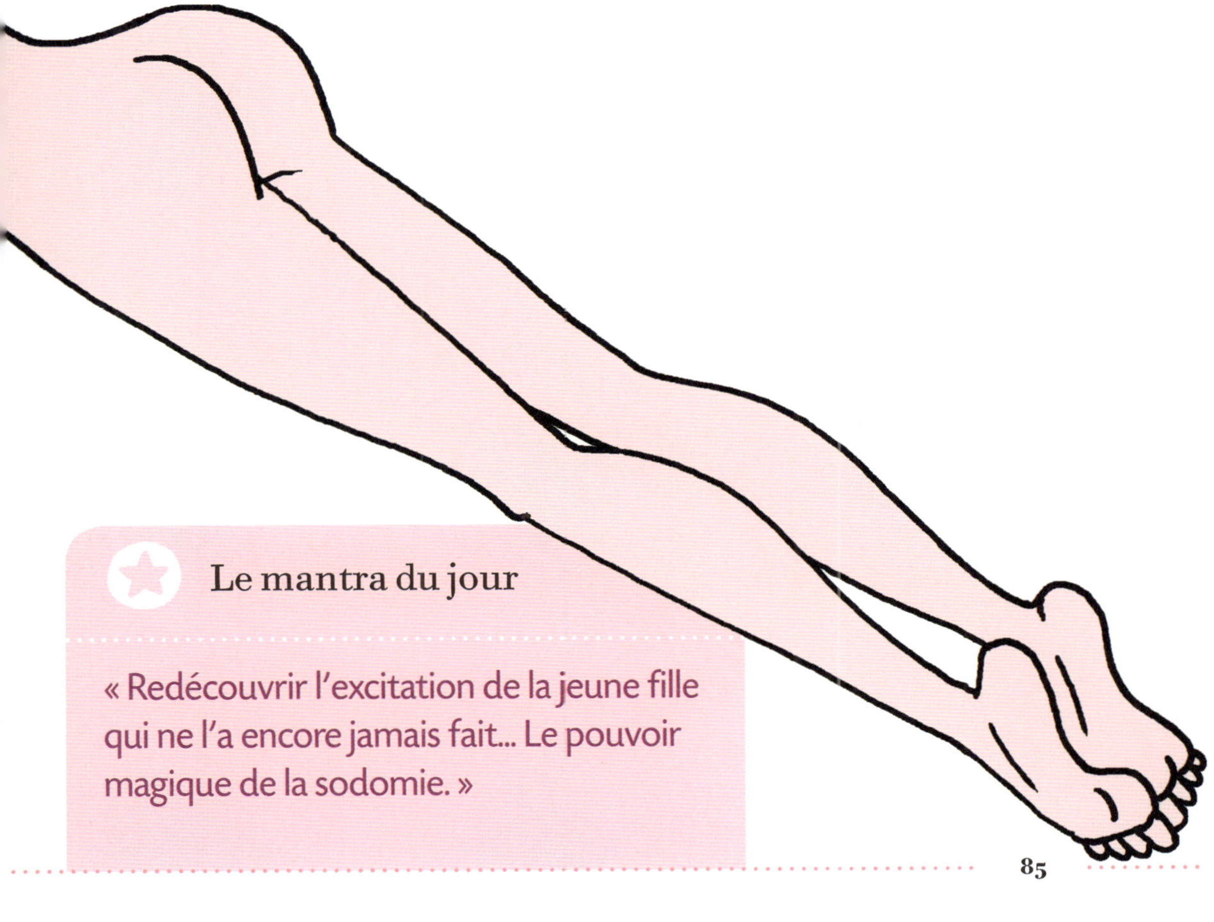

Le mantra du jour

« Redécouvrir l'excitation de la jeune fille qui ne l'a encore jamais fait... Le pouvoir magique de la sodomie. »

chapitre

21

ON FAIT LA BAGARRE ?

Le sexe avec Paul, ce n'est pas toujours sous une couette moelleuse à 400 $, entourés de bougies, une esclave jouant de la harpe à vos côtés. C'est parfois la bataille, la guerre, un jeu de pouvoir, de domination. Cette danse pleine de tensions n'est pas seulement l'apanage des jeunes amants qui n'ont pas encore de compte commun. Sortez les griffes !

LA TIGRESSE

Le Kama Sutra se prête à toutes les situations, même celle de l'engueulade. La position de la « tigresse » a été pensée pour que les amants s'unissent après une dispute. Sûrement une histoire de coucherie avec un eunuque ou de riz mal cuit.
Paul s'assoit sur le lit et vous prend par la taille, vous le chevauchez, posez vos pieds sur ses épaules (hyper simple, hein ?) en posant une main sur le lit, et une autre qui s'accroche à son cou. La position permet à Paul de voir de près la pénétration. Vous contrôlez cette dernière en vous agrippant plus ou moins à lui… La guerre, on vous dit, la guerre !

Sexe et réconciliation

Beaucoup trouvent dans le sexe un exutoire aux conflits. Bien plus agréable qu'une thérapie de couple, nombre de disputes se terminent transpirant au sol, la mine rose et ce sourire niais, preuve ultime de l'orgasme de compet'. La lutte comme le désir sont des valeurs primaires, on leur consacre d'ailleurs une expression : « réconciliation sur l'oreiller ». Quand vous sentez que le problème n'en est plus un, proposez la poursuite du dialogue sur le lit, baissez le ton, embrassez Paul et allumez son calumet de la paix.

Le tango

Souvenez-vous dans *Moulin rouge*, la scène brûlante du tango de Roxanne. Le tango argentin a la réputation d'être le sport de combat le plus sexuel qui soit. Le pratiquer à deux peut vous aider à inventer un nouveau langage du corps, et de nombreuses compagnies proposent des initiations aux couples. Pourquoi ne pas tester l'aventure avec Paul ? L'Argentine, avec une population encore inférieure à 40 millions, compte plus de naissances que l'Allemagne, forte de plus de 82 millions d'habitants... Hasard ?

Du « je t'aime » au « viens là que j't'attrape, catin »

L'ennui vous submerge quand Paul vous murmure des « Je t'aime » à l'oreille pendant l'amour ? Quand votre corps crie « Prends-moi », un vocabulaire d'enfant de chœur n'est pas des plus évocateurs. Les mots crus sont des stimuli qui agissent directement sur l'imaginaire. Vous n'osez pas lancer les hostilités la première, provoquez-le en lui ordonnant de vous « attraper ». Demandez à être bousculée comme une fille de passage...

Bien sûr, s'il se met à vous traiter de « fille de pute aigrie » en plein coït comme un mauvais rappeur, et que vous ne le tolérez pas, dites-lui que votre maman n'a rien à faire dans vos ébats.

Et la fessée ?

Se prendre une claque, ça remet les idées en place, paraît-il. Sexuellement, la combinaison levrette (à quatre pattes, donc) + pénétration + fessée est gagnante. Quand la main de Paul claque sur votre fesse, votre périnée se resserre de façon mécanique, augmentant ainsi vos chances d'atteindre l'orgasme dans une position où le clitoris n'est pas du tout stimulé ! Mais une fessée, ça peut faire mal. Pour un contact plus doux, la paume doit être légèrement bombée et atterrir sur la partie la plus charnue de votre fessier (là où vous planquez vos réserves en cas de guerre nucléaire).

Le mantra du jour

« La carotte de Paul ne donne pas les fesses roses, mais ses fessées, oui. »

chapitre

22

L'INFIDÉLITÉ

Chez les Paresseuses, on se dit tout. Et qui parle sexe, fantasmes, couple et quotidien... ne peut pas taire le dossier brûlant de l'infidélité ! Abordons le sujet sereinement et sans tabous. Emprunter un chemin de campagne sur votre autoroute amoureuse ne fait pas de vous une catin qu'il faut brûler (sauf si vous êtes rousse et que vous vivez en 1356).

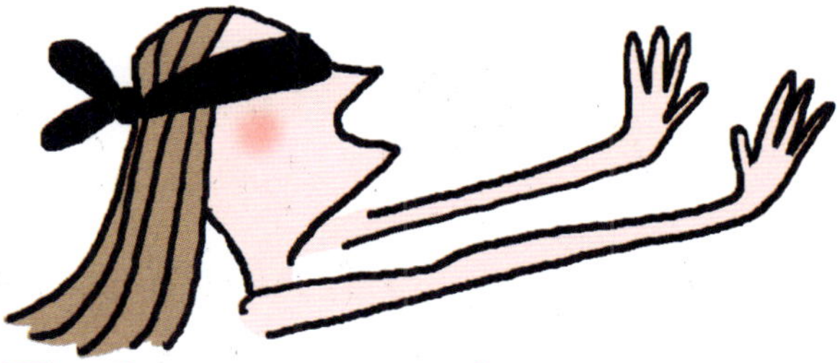

Embrasser un inconnu

Embrasser, c'est tromper ? Pour vous et environ 78 % de la population française : oui ! Certains couples rompraient même leur belle histoire d'amour après la fusion interdite de deux langues avinées à une soirée. Ce n'est pas l'acte qui a son importance, mais la confiance brisée qui est en cause. Tentez de relativiser ! Qu'est-ce qui est le plus important ? Que Paul ait embrassé une gourde à un pot de départ, ou que le week-end d'avant il vous ait présenté, la larme à l'œil, à toute sa famille ? Les écarts, ça arrive, personne n'est parfait, et les tentations parsèmeront votre vie. Discutez-en avec lui, assurez-vous de ses sentiments, de son désir pour vous. Pardonner est plus difficile que fuir, mais renforce la certitude qu'avec lui vous pourriez participer à Pékin Express !

Le coup d'un soir

Vous êtes en couple depuis mille ans, on ne vous a pas draguée depuis votre boum de 1994 et, ce soir, vous sortez avec vos copines. Le but : prouver que vous pouvez encore plaire. Au Macumba 2000, vous rencontrez Cédric, celui qui ne sort qu'avec des mannequins et qui a la réputation d'être le best coup de l'arrondissement. Il vous drague, et un verre en entraînant un autre, vous vous retrouvez à jouer à la bête à deux dos. Ce qui vous est arrivé, même si c'est la tuile, n'est pas dramatique. Vous n'avez pas tué des chatons leucémiques, vous avez seulement joui avec un autre et vous en aviez peut-être besoin. Si ce n'était l'affaire que d'une nuit, que la seule envie que vous ayez est de voir Paul pour lui sauter dessus, l'aimer et le câliner : *don't panic* ! Le garder pour vous ou le dire à Paul est entre vos mains. Mais si vous avouez les choses, par pitié, ne les détaillez pas !

Animaux et polygamie

Ce n'est pas une grande surprise, la fidélité dans le règne animal, c'est comme vos chances de tomber sur un bar lounge au cœur la Creuse. Les luttes de pouvoir, la nécessité de reproduction, l'instinct primaire du désir empêchent les relations monogames. Toutefois, vous serez heureuse d'apprendre que certaines espèces y croient : certains oiseaux, les loups… et le champion toute catégorie de l'amour monogame : le castor ! Si le mâle est stérile, la femelle ne procréera jamais… (Aucune procédure d'adoption n'est encore disponible chez les castors.)

POLYAMOUR

Néologisme qui traduit l'idée d'amours multiples et donc celle d'entretenir avec plusieurs personnes une relation amoureuse, comme on le fait avec les relations amicales.

Cette philosophie, qui date du début des années 1990, est aujourd'hui connue grâce à des associations qui revendiquent le droit à être amoureux de plusieurs partenaires et rejettent le dogme de la monogamie. Si vous avez un amant que vous aimez, un mari que vous aimez et qu'il reste dans votre vie de la place pour d'autres hommes, peut-être êtes-vous une polyamoureuse (et que vous êtes très endurante !). Tout ce qui compte, c'est l'honnêteté. Si tout le monde est heureux ainsi, assumez votre côté « j'ai le cœur gros comme une maison close ».

Liaisons dangereuses

Avoir une liaison, c'est tout sauf une sinécure, et si elle amène l'excitation, le piment à votre quotidien, elle traîne aussi son lot de souffrances : mensonges, trahisons, ruptures. Parfois, on prend un amant comme on mettrait un pansement. Guérir ses problèmes conjugaux en sautant dans un lit plus frais est une fuite. Les problèmes qu'affronte un couple doivent se résoudre dans l'intimité de cette cellule. Soyez vigilante et posez-vous les bonnes questions : vais-je ailleurs pour me donner une bouffée d'air, ou vais-je ailleurs dans l'espoir de rencontrer quelqu'un qui me donnera la force de quitter Paul ?

Contrat moral

Paul et vous êtes un couple moderne, vous vous êtes autorisés mutuellement (sinon, c'est pas du jeu) à batifoler de temps à autre avec des inconnus. Ce qui compte c'est de ne pas faire n'importe quoi.

Check-list de l'infidélité :
Tu peux me tromper sauf si…

- … je connais la fille/l'homme en question. Si vous vous retrouvez en soirée en face de la personne qui a fait jouir votre Paul il y a deux jours, pas sûr que votre self-control s'épanouisse. « Oh, ça va Paul, je lui ai juste cassé la mâchoire, je suis pas jalouse ! »
- … c'est un PQR (plan cul régulier). Un écart oui, une habitude non. « Tu le fais jouir toutes les semaines, et quand vient mon tour, t'as mal au crâne ? »
- … c'est chez nous. Le cocon est sacré, c'est le territoire du couple, et le loup n'a pas sa place dans la bergerie. « Paul, ta grognasse a oublié ses boucles d'oreilles en PVC de très mauvais goût, je te fais un doggy bag ? »

Le mantra du jour

« Errare humanum est… »

Locution latine qui veut dire que l'erreur est humaine, et qui vous donne un soupçon de culture si vous êtes prise la main dans le caleçon.

chapitre

23

AMOUR, SEXE ET POT-AU-FEU : ON PASSE À LA CASSEROLE ?

Rappelez-vous, 9 semaines et demie*… La fameuse scène hot, sur la porte du frigo entrouverte… Si Mickey Rourke et Kim Basinger réussissent à rendre sexy un grain de raisin, une fraise, du sirop pour la toux, et même de la jelly, pourquoi pas vous ? Adeptes de la sitophilie (le fétichisme qui porte sur la nourriture et les jeux qui en découlent), voici venu le temps de vous mettre aux fourneaux en tenue d'Ève avec un tablier !*

Les aphrodisiaques, pipo ou bingo ?

Ce n'est pas parce qu'on est Paresseuse qu'on n'est pas rationnelle. Oui, il existe des aliments qu'on pourrait qualifier d'aphrodisiaques (bon, c'est vrai, s'ils étaient consommés dans des quantités pantagruéliques !). Tout simplement parce que ceux-ci sont des stimulants nerveux et sanguins (ils favorisent la dilatation des vaisseaux sanguins... et donc une certaine tension, voyez ce qu'on veut dire...).
Toutes les épices un peu fortes en goût sont réputées aphrodisiaques : piment, curry, cannelle, gingembre, safran, moutarde...
Quant au pouvoir de la corne de rhinocéros ou de l'extrait de sperme de cerf, on a quelques doutes... et on opte pour l'explication par la symbolique et l'autosuggestion... Mais si ça marche comme ça, c'est tant mieux pour les intéressés.
Notez que certains ingrédients jouent dans les deux catégories : la liqueur de bois-bandé par exemple. On ne vous fait pas de dessin.

Frigo ouvert mais tellement hot...

Vous l'aurez compris, un « menu-qui-met-tout-nu », c'est avant tout un menu qui permet de jouer un peu, qui déconcerte, qui étonne. Nourriture à tremper, à manger du bout des doigts, plat à partager, sucré-salé, aigre-doux, pimenté, tout est bon pour vous émoustiller ! Voici un exemple de menu ultrafacile qui mettra Paul sens dessus dessous, pour peu que vous jouiez la maîtresse... de maison.

VOUS ALLEZ DÉGUSTER...

Si on veut se la jouer « sexe au frigo », on évite la blanquette de veau dans le nombril, et on se cantonne d'abord au chocolat à tartiner, à la crème Chantilly et autres douceurs, qui se marieront sûrement mieux à la saveur du moment ! Choisissez des aliments pas trop forts en odeur, qui pourraient vous indisposer pour la suite (on doute du pouvoir érotique du camembert au lait cru, pardonnez notre manque d'ouverture d'esprit).

Le plus sexy, c'est de nourrir l'autre. Choisissez aussi des aliments faciles à donner à la becquée. Oubliez les spaghettis. Quoique, pour la Belle et le Clochard, ça s'est quand même terminé avec 8 chiots !

EN VRAC, LES AUTRES INGRÉDIENTS QUI METTENT LE FEU

- **Le guarana (allez trouver du guarana au Miniprix du coin !)**
- **Les huîtres (le zinc, oui madame)**
- **Le caviar**
- **La réglisse**
- **Le chocolat**
- **Le saindoux**
- **Les truffes**

• AMUSE-BOUCHE À PARTAGER : QUELQUES MINI-POMMES D'AMOUR

Ingrédients

200 g de sucre en poudre
une belle noix de beurre
250 g de tomates cerises
des cure-dents en bois
épices de votre choix

Préparation

Faites un caramel : dans une casserole, faites fondre doucement le sucre en poudre et le beurre avec 10 cl d'eau. Ne laissez jamais des bulles se former.
Piquez des tomates cerises sur des cure-dents, et plongez-les dans le caramel encore chaud et bien liquide.
Roulez vos pommes d'amour dans des épices douces ou des herbes.

Petit truc en plus de la patronne : assaisonnez avec le mélange « Force basque » de la maison Arostéguy : de la fleur de sel de Guérande et du piment d'Espelette... que du bon !

• POUR POURSUIVRE : GAMBAS DÉLICATEMENT DÉSHABILLÉES ET SAUTÉES AU GINGEMBRE ET CITRON CONFIT – DENTELLE DE RIZ NOIR DE CAMARGUE

Ingrédients

2 verres de riz noir
2 douzaines de gambas, surgelées si besoin
1 demi-oignon
1 citron confit en bocal
1 racine de gingembre frais
fleur de sel, poivre du moulin
huile d'olive

Préparation

Rincez le riz noir, plongez-le dans une casserole d'eau portée à ébullition, avec une cuillère à café de sel et une lampée d'huile d'olive. Faites-le cuire une quinzaine de minutes, mais surtout goûtez-le bien avant de le sortir du feu. Égouttez immédiatement.

Faites revenir le demi-oignon dans l'huile d'olive jusqu'à ce qu'il soit bien doré.
Incorporez les gambas, faites-les sauter quelques minutes, puis ajoutez-y le citron confit coupé en fines rondelles.
Baissez le feu 2 ou 3 minutes, puis ajoutez le gingembre coupé en fines lamelles, ou râpé si vous le pouvez.
Salez, poivrez, servez chauuud !

• Bouquet final : Eton mess framboise, pistache

Mariage du croustillant, de l'onctueux, et plus si affinités !

Dressez ce dessert au dernier moment, de manière à conserver le croustillant des biscuits et la fraîcheur des fruits, du fromage blanc et de la crème Chantilly.

Ingrédients
250 g de fromage blanc 20 % de mat. gr.
1 bombe de crème Chantilly
6 mini-meringues ou 2 meringues de taille normale
environ 30 pistaches crues épluchées
4 cuillères à soupe de framboises (surgelées si besoin)

Préparation
Commencez par écraser les meringues au rouleau à pâtisserie. Mixez les pistaches. Mélangez le tout au fromage blanc, en réservant quelques miettes pour la déco. Surmontez de crème Chantilly, disposez les framboises et saupoudrez des miettes restantes.

Un délice, on vous dit...

Astuce

L'idée de vous réveiller collante, des grosses traces de pâte à tartiner sur vos draps de satin vous refroidit...
En plein gueuleton, proposez à Paul une douche chaude. Nettoyez-le comme si vous vous attaquiez à un plan de travail après un bœuf bourguignon... votre langue en guise d'éponge à gratter !

Le mantra du jour

« Quand l'appétit va, tout va », disait Obélix... celui-là-même qui a réussi à séduire la belle Falbala.

chapitre

24

PARESSEUSE CHERCHE PARESSEUSE...

Voilà longtemps que vous aviez cette petite idée derrière la tête. Et paf, un jour, vous la trouvez, c'est elle. Enfin ! Une fille qui vous met en confiance, une fille qui vous plaît, une fille qui vous émoustille... Ça peut être l'expérience d'un jour, ou un délice à prolonger. Le sexe entre Paresseuses, c'est différent et tout aussi excitant... Petit tour de la question.

ON AIME LES FILLES, MAIS ON N'OUBLIE PAS SON GYNÉCO

Un certain nombre d'enquêtes tendent à démontrer que les femmes homosexuelles se rendent moins régulièrement chez le gynécologue que les femmes hétérosexuelles. Pourtant, la prévention ne concerne pas que la contraception, c'est aussi le dépistage des IST.

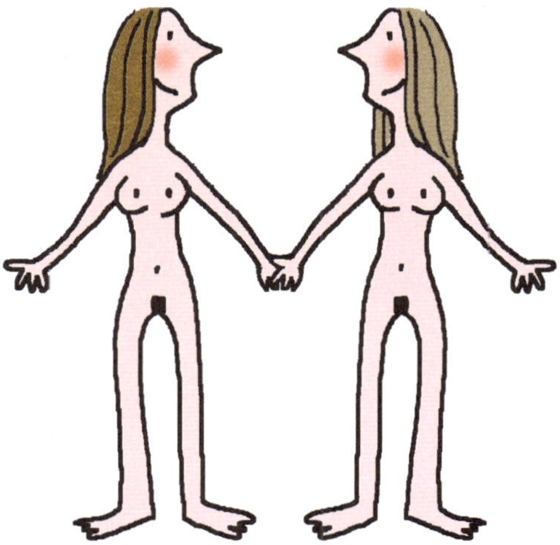

Une femme avec une femme

Lesbienne, bisexuelle, bicurieuse... qu'importe, finalement, où les statistiques vous rangent. Aujourd'hui, vous avez plus envie de Claire que de Paul, alors envoyez valser vos craintes et foncez, les expériences qui vous mettent sur la voie d'une meilleure connaissance de vos envies sont toujours bonnes à prendre.

Ce qui peut vous attirer chez une femme

- **La douceur :** Attention, on ne parle pas de caractère (les femmes ne sont pas programmées génétiquement pour avoir un caractère doux, revoyez *Kill Bill*). Nous parlons ici de corps : grain de peau fin, pilosité réduite... un corps en harmonie avec le vôtre.
- **Vos points communs :** C'est bête à dire, mais coucher avec une personne qui a le même appareil reproducteur que soi permet d'éviter les longs discours et explications du type « Euh non, ça ce n'est pas mon clitoris, c'est mon anus. »
- **La poitrine :** Point besoin d'être lesbienne pour d'emblée admirer les seins ronds d'Emmanuelle Béart. Si vous aviez l'occasion de les toucher, de les mordre, de les lécher...

UNE PARESSEUSE AVERTIE EN VAUT DEUX

Les digues dentaires à usage sexuel sont des carrés de latex prédécoupés censés assurer une barrière entre l'échange de salive et de fluide (vaginal ou anal). Le souci étant leur manque d'esthétisme et leur prix, beaucoup de Paresseuses McGyver préfèrent découper un préservatif dans le sens de la longueur pour se protéger. Toujours mieux que rien !

L'échange d'objets sexuels (godemichés, etc.), lors de rapports sexuels, est considéré comme une pratique à risque élevé. Pour ne courir aucun risque, utilisez un préservatif dessus à chaque changement de partenaire et d'orifice.

Les idées reçues que nous n'avons plus envie d'entendre

« Les lesbiennes sont masculines. » Josiane Balasko dans *Gazon maudit* est le cliché de la femme qui hait les hommes : cheveux courts, vêtements informes, zéro maquillage. Pourtant, de la même façon que toute les Marie ne sont pas catholiques, toutes les lesbiennes n'ont pas des carrures de camionneurs... Tapez « Portia de Rossi » dans Google et revenez vers nous.

« Les lesbiennes haïssent les hommes et sont des frustrées. » Oui, il est possible de n'être attirée que par les femmes, de ne pas souffrir de l'absence du dieu pénis, de ne prendre son pied qu'entre Paresseuses ! Ça ne veut pas dire que vous détestez les hommes, seulement que de les avoir en vous vous dit moins que de prendre un verre avec eux... ou de séduire leur copine.

« La sexualité des lesbiennes se limite au cunnilingus. » Comme les hommes, les lesbiennes ont une langue, mais aussi des doigts, des pieds, des jambes, de l'imagination et une carte bancaire leur permettant d'accéder à tout plein de jouets... fascinants !

« Proposer un plan à trois à une lesbienne, c'est une bonne idée. » Souvent, quand les hommes rencontrent des lesbiennes, ils s'imaginent qu'un plan à trois avec eux, leur femme et ladite lesbienne est un bon plan... Mauvaise pioche, se dit lesbienne une femme qui a une sexualité exclusivement tournée vers les femmes, donc... avec une ou douze femmes. S'il y a un homme dans l'histoire, il ne les intéresse pas !

Une fille, ça bouleverse la routine du sexe

Vous avez envie de tenter l'expérience homo comme une exploratrice novice : ça ne veut pas forcément dire que vous vous satisferez toute votre vie des femmes. Après 2/10/15 ans d'hétérosexualité, l'envie d'aller voir de l'autre côté du miroir, c'est sain ! Il n'y a bien que les rédactrices sexo des magazines féminins pour vouloir encore classer les hommes et les femmes selon leurs attirances sexuelles... Hommes, femmes, femmes qui ressemblent à des hommes, hommes qui ressemblent à des femmes... Le 3e sexe chanté par Indochine n'a jamais été plus présent, et c'est très bien comme ça, du moment que chacun suit ses envies !

Le mantra du jour

Besoin de plus pour franchir le pas ? On vous conseille de regarder la série *The L Word.*

Certes, la vie de ces 5 femmes y est ultraromancée (belles, riches, talentueuses). Toutefois les scènes de sexe y sont souvent troublantes et les intrigues extrêmement bien ficelées.

Mémo sexo

Liste des nanas qui pourraient bien remplacer un Paul lambda pour la nuit.

chapitre

25

PETITE TYPOLOGIE DU MÂLE POST-COÏT

Quand Paul est en mode séduction, ce n'est pas vraiment LUI qui parle. C'est lui et sa libido frénétique qui, stratégiquement, devient the best man of the world. *Oui, vous allez coucher avec lui, mais il sera comment, juste après ? Même après une merveilleuse nuit, quand c'est la première fois que vous vous retrouvez dans un lit, l'instant qui suit est important. Il révèle un homme (et une femme, finalement) naturel, une partie de lui vierge de toute excitation. Parfois c'est beau, parfois moins…*

Le dormeur

Pauvre Adrien, il a sué pour vous faire plaisir, il a assuré dans 72 positions sans faillir. Après s'être inquiété de votre état (le fameux « T'as joui ? »), il va passer l'heure qui suit à respirer comme un bœuf. Le repos du guerrier, dit-on. Il va geindre des : « Tu peux ouvrir la fenêtre ? », « J'ai chaud », « J'suis mort ». Il ne veut pas savourer, il va transformer ce joli moment en retour de match… Dans le genre discret, il se pose là. Et dans un dernier effort, il susurre un « J'ai… euh… j'ai… soif » avant de s'éteindre dans un dernier râle. RIP. En même temps, on ne peut pas lui en vouloir. Vu l'heure que vous venez de passer, il pourrait bien expirer que vous resteriez avec dans la tête ce mot : « brûlant » ! S'endormir, c'est normal. Comptez les moutons !

L'amoureux

Si le sexe était magique, s'il est drôle, beau et qu'il sent le sable chaud : gardez-le au chaud. L'amoureux, même une fois les galipettes terminées, c'est un gentleman. Il se tait, vous sourit, sourit même au plafond. Il passe une main dans votre dos et va chercher de l'eau. Ne bougez plus et priez de ne pas vous réveiller.
Si les sentiments ne sont pas partagés, vous réalisez alors qu'il est juste niais, qu'il rigole tout seul, qu'il ose vous embrasser avec un poil pubien sur la joue. Bref, il devient vite encombrant. Retrouvez nos techniques page 107 pour le faire fuir.

Le geek

Martin se lève, dynamique, et remet ses lunettes aussi vite que son caleçon Spiderman. En manque, tel un junkie, il allume le PC, l'iPhone... C'était un bon coup, certes, à la pointe de la technologie, même en matière de sex-toy... Mais à peine l'assaut terminé, il saute sur son écran pour écrire sur le forum Linux : « Fuck Windows ! XPTDR ». Et là, dans la lueur bleue de son ordinateur, vous découvrez votre amant sous un nouveau jour... À vous les conventions Star Trek le dimanche, joie !

Le flippé de l'engagement

Le vent du nord souffle sur la chambre encore tiède de vos ébats. Comment va-t-il faire ? La panique se lit dans ses yeux, et ça pourrait être drôle, si vous n'espériez pas secrètement qu'il vous demande en mariage après ce feu d'artifice. Le problème est là : il ne s'agit bien QUE d'artifices. Toutes ces sorties avec lui, ce ciné, cette glace à Montmartre. C'était pour le feu et pas pour la noce. Pour vous dire au revoir, il vous embrasse sur le front.

Pour s'en remettre : listez mentalement jusqu'à son plus petit défaut. Après tout, vous n'alliez quand même pas épouser un homme qui a l'orteil gauche plus long que le pouce.

Le fier

Le plus drôle. Benjamin se lève avec un grand sourire, genre conquérant. Il se pavane. Il se croise dans le miroir et, d'un air satisfait, s'inspecte. S'il était seul, il lèverait le pouce comme un auto-stoppeur. Mais que vous soyez là, c'est bien aussi, parce que dans un élan de complicité il se félicite de sa performance ! L'assurance est le refuge des complexés : ne vous moquez pas et souriez devant ses doutes intérieurs.

Le mal à l'aise

Le plus chou. Il vient de faire l'amour, il a dit des trucs façon Batman en version SM et, maintenant, il doit passer le cap du regard ahuri que vous n'avez pas quitté depuis qu'il vous a appelée « ma grosse chienne »... Assumer ses extravagances, c'est pas facile. C'est un mec doux dans la vie, un vétérinaire plein d'empathie, mais vos fesses rouges de ses fessées vous ont donné un autre aspect de sa personnalité. Alors, il fixe le plafond. Cramoisi de honte, il vous demande si ça va... Silence. C'est le comportement le plus adorable qui soit ! Les hommes timides, discrets, qui s'avèrent être de vraies bêtes de sexe sont un régal au quotidien...

Le mantra du jour

« Vérifier les deux aspects de l'homme avant de vous faire une idée (avant-après), des surprises peuvent vous attendre ! »

chapitre

26

OUPS... GÉRER LE *VERY BAD TRIP*

Ok, c'est fait, inutile de vous autoflageller : vous avez dérapé. De mojito en mojito, tout s'est enchaîné. Non seulement vous vous réveillez ce matin avec l'œil vitreux, la bouche sèche et les bras qui pèsent une tonne, mais en plus, il semblerait que vous vous soyez glissée (vous ne savez plus à quelle heure) entre les draps d'un Paul lambda qui vous était inconnu avant 2 h 30 du matin. Pire encore, si c'est possible : c'est LUI qui s'est glissé dans VOS draps. Et pas seulement pour compter les moutons.

On adopte les bonnes manières

Ça n'est pas parce qu'on a perdu le contrôle et sa dignité durant quelques heures que tout est foutu. Un peu de savoir-vivre, que diable !
Un mot d'ordre : DIPLOMATIE. On ne sait jamais, peut-être recroiserez-vous Paul-lambda dans d'autres circonstances (au bras de votre sœur, ce serait peut-être la lose !). Peut-être ce coup d'un soir est-il un coup gagnant ? Peut-être simplement que vous êtes une bonne fille, et que vous détestez vous fâcher avec les gens. Alors, on reste zen, on est polie, on offre un café, et même un croissant si l'individu se comporte correctement, et hop, circulez y'a (plus) rien à voir.

Il s'incruste, le bougre

Mince, non seulement vous avez passé la nuit avec un mec qui pense que les poils qui dépassent du slip léopard c'est « bath », mais en plus il fait la grasse mat' et ne semble pas prêt à bouger. Voici quelques phrases qui convaincraient n'importe quel homme qui se respecte de partir... vite !

- « Ciel, j'ai fait une connerie avec toi et mon mec, qui est champion du monde de mort-subite avec son poing, arrive dans 2 minutes. Oups. »
- « Il faut que je te laisse, je dois aller à la pharmacie, j'ai mon herpès vaginal qui me reprend... Ça gratte ! T'es sûr, tu veux pas rester pour le café ? »
- « J'ai l'impression qu'il s'est passé quelque chose de fort entre nous, je m'imagine déjà me marier avec toi... c'est fou, la vie. T'es libre ce soir ? J'aimerais te présenter à mes parents. »

Assurez aussi le S.A.B. (Service Après-Boulette)

Bien entendu, même ronde comme une barrique, vous avez eu le réflexe latex. Bien entendu. Et si ce n'était pas le cas ? On file dans un centre de dépistage anonyme et gratuit des IST (sida, mais pas seulement : hépatite C, *chlamydiae* et tutti quanti). Un conseiller vous permettra d'évaluer votre prise de risque. Il vous fera certainement passer un test, à renouveler 3 mois après. On sait, ce n'est pas la partie la plus fun de votre vie sexuelle, mais il en va de votre vie, jeune fille.

Dédramatisez !

De là à dire que ça arrive à tout le monde, n'exagérons rien... Mais en matière de sexe (et d'amour a fortiori), tout le monde fait des erreurs. Et comme le dit tante Jeanine, c'est en forgeant qu'on devient forgeronne. Enfin plus clairement, au pire, vous aurez libéré votre corps d'une insoutenable tension, au mieux, vous aurez appris deux-trois choses.
Et puis, on le répète une fois de plus, pensez à Meredith Grey et Derek Shepherd dans *Grey's Anatomy*... Les histoires de c... ne finissent pas toujours mal !

Truc de Paresseuse

Si vous avez du mal à vous contrôler après 3 verres, et que l'idée du dérapage vous angoisse, de grâce, prenez un chaperon ! Sortez avec une copine que vous appellerez « ma dignité », et engagez-vous mutuellement à rappeler l'autre à l'ordre si l'objet du désir ne paraît... pas tellement votre genre d'homme habituel. Sauf orgie généralisée, il y en aura ainsi toujours une pour rattraper l'autre.

Mémo sexo

Mes dérapages incontrôlés et leurs conséquences (dans une vie très, très antérieure, bien sûr).

Le mantra du jour

« Devant l'homme en slip léopard qui s'incruste sous ta couette, ta politesse de jeune fille tu garderas. »

chapitre

27

L'AMOUR DU (NON) RISQUE

Que vous soyez une bête de sexe, une gourmande, une jouisseuse, une femme épanouie ; que ce soit votre première ou votre millième fois, une fille qui aime le sexe sait se protéger ! C'est une règle de base, que même les plus grandes Paresseuses doivent respecter ! Petit tour de piste des réflexes à adopter.

Les pratiques « safe »

Pour jouir, vous n'êtes pas obligées de passer par la case pénétration. Si vous n'avez plus de préservatifs, qu'il est deux heures du matin, que vous avez envie de Pierre-Victor (oui, vous ne connaissez même pas son vrai nom, et alors ?), vous pouvez pratiquer le « safe sexe », zéro prise de risque. L'expression nous vient des États-Unis, et c'est un véritable comportement sexuel. Il est souvent pratiqué par des jeunes de bonne famille qui veulent rester vierges jusqu'au mariage, tout en se découvrant sexuellement... Le beurre et l'argent du beurre, ces Américains !

Le petting

Vient de l'anglais *pet* (= animal domestique). À la base, « petting » traduit le fait de caresser son petit chihuahua de Beverly Hills avec amour... Le rapport n'est pas évident... En fait, le petting est l'action de se caresser, voire de se masturber par-dessus les vêtements. Fonctionne mieux avec un collant fin qu'une combi de sports d'hiver.

Se masturber l'un à côté de l'autre

Un jeu qui permet de se caresser devant Pepito, et tout se passe dans le regard. Ça peut être diablement excitant et, pour le coup, aucun risque de contracter quoi que ce soit, si ce n'est des crampes aux doigts !

Rendre le préservatif attractif

Paul n'aime pas le préservatif, rendez-le attractif. En le masturbant, ou pour les plus habiles, en lui enfilant avec la bouche (gare aux canines pointues), vous pouvez rendre le moment aussi excitant que des préliminaires.
Les fabricants en ont même fait des modèles de compétition (nervuré, avec cockring vibrant, retardateur, goût fraise). Finalement, ça donne envie de tous les essayer.

LE CHECK-UP RÉGULIER

Ma gynécologue, ma meilleure amie

C'est LE médecin avec qui vous devez vous sentir en confiance pour pouvoir parler de contraception, de dépistage, d'envie d'enfants ou de petits bobos. Si votre gynécologue est une vielle sorcière : sortez l'ail et changez-en !

La base : le préservatif

32,3 % des femmes ayant eu deux partenaires sexuels ces douze derniers mois n'ont pas utilisé de préservatifs[1]. En cause : la négociation avec leur partenaire (« Blabla, j'aime pas faire ça avec un bout de plastique... »), mais aussi les progrès des trithérapies. Le sida fait moins peur que dans les années 1980 ! Et pourtant, depuis l'apparition du virus, 35 000 personnes sont décédées en France et, en 2009, 1 200 nouvelles personnes étaient contaminées[2]. On ne vous le dira jamais assez, il faut se protéger.

Vous êtes avec Paul depuis longtemps et vous avez confiance ? Avant de rompre avec le latex, faites-vous dépister ! C'est gratuit et anonyme.

1. « Contexte de la sexualité en France », INED/INSERM/ANRS, 2007.
2. Rapport 2009 de l'Onusida

La contraception d'urgence

La boulette : un oubli de pilule, un préservatif qui craque… Pas de panique, les contraceptions d'urgence sont là.

On prend la pilule du lendemain qui permet, en cas de rapport non protégé, de minimiser les risques de grossesse. Elle est en vente libre dans toutes les pharmacies.

Le traitement post-exposition, TPE ou trithérapie d'urgence est une combinaison d'antirétroviraux, qui permettrait, dans un bref délai, de réduire de 80 % le risque de contamination par le virus VIH. Les associations telles qu'AIDS militent pour que ce traitement soit connu du public. Pour en bénéficier, il faut se rendre aux urgences d'un hôpital où l'accès au TPE est soumis à une évaluation de la prise de risque par un médecin, qui tient compte des facteurs favorisant la transmission.

chapitre

28

OSEZ

•

Je-je suis libertineuh…

On connaît la chanson, la fellation, l'amour dans une cage d'escalier, le Kama Sutra, vous connaissez et vous aimez. Mais avec Paul, vous avez envie d'aller plus loin. Aventurières, chaussez vos bottes : on part au pays du « isme ».

Triolisme

Il est dans le top 3 des fantasmes masculins (quand il implique deux femmes, bien sûr). Le triolisme est une pratique de sexualité de groupe impliquant trois personnes. Que vous soyez tentée de partager Paul avec une sublime fille (oui, il faut qu'elle soit jolie, mais moins que vous, cela va sans dire !) ou de vous partager entre Paul et un autre homme, c'est une aventure de couple qui met un sérieux coup de pied au quotidien. De nombreux sites proposent des rencontres entre couples et partenaires qui cherchent des couples. Posez-vous les bonnes questions avec Paul avant de vous lancer.

- Embrasse-t-on le tiers qui s'immisce dans notre couple ?
- Participe-t-il, ou n'est-il là que pour regarder ?
- Quelle protection utiliser s'il y a plusieurs rapports ?
- Êtes-vous prête à voir Paul jouir avec une autre, et inversement ?

On ne se lance pas dans le triolisme comme dans le tricot !

Déguisements

Et si on organisait une soirée déguisée ? Oui, une vraie soirée, c'est beaucoup plus simple ensuite de jouer le jeu, quand il y a une vraie excuse pour vous retrouver à deux heures du matin en tenue de bergère. Les déguisements peuvent être excitants, mais sont tellement extrêmes qu'ils peuvent vous mener à de belles séances de fous rires. Alors que si vous organisez l'anniversaire de Paul, vous pouvez jouer à Gudrun la bergère vierge sans vous trouver ridicule (en tout cas pas plus que Paul qui a décidé qu'il était Peter Pan… à 38 ans…).

ATTACHE-MOI SI TU PEUX !

La pratique érotique d'origine japonaise appelée « bondage » consiste à attacher son partenaire et s'apparente à une pratique sadomaso. Être attachée est dans ce cas-là source d'angoisse et de plaisir, et c'est dans l'ambivalence que naît l'excitation. La soumission à son partenaire oblige un certain lâcher-prise. Pour les douillettes, optez pour un foulard en soie attaché autour du bras en lieu et place de la corde en chanvre. Les règles et les limites sont fixées avant, et attention, on ne met jamais rien autour du cou qui puisse gêner la respiration.

Si Paul a un caractère dominant et qu'il vous retrouve un jour en étoile attachée aux quatre coins du lit, vous risquez de marquer des points !

Fétichisme

Le fétichisme est la fixation du désir érotique sur :

- Un objet : les porte-jarretelles, les gants, les bottes, les bottines, les talons aiguilles...
- Une matière : cuir, latex, vinyle, soie, sable...
- Une partie du corps : les pieds, les seins, les jambes, les cheveux, le nombril, le nez, les oreilles (???)...

Freud l'a défini comme une pratique visant à rechercher l'orgasme indépendamment du coït, la partie du corps visée ou l'objet se substituant à l'organe sexuel du partenaire et par extension au partenaire tout court[1]. Nous avons tous un penchant fétichiste, tentez de connaître celui de Paul et jouez avec.

1. Wikipédia

Sadomasochisme et BDSM *(« Bondage et discipline, Domination et soumission et Sadomasochisme »)*

On dirait le sigle d'un parti politique, mais il n'en est rien. C'est l'ensemble des courants qui utilisent l'humiliation et/ou la douleur physique pour exciter le partenaire. Les relations sont librement consenties et dépendent d'un contrat.
Maître et esclave doivent impérativement s'assurer avant tout jeu de leur envie et de leur pleine conscience.

Les rapports sexuels dominant/dominé entre Paul et vous n'iront peut-être pas jusqu'à des situations extrêmes, mais vous pouvez choisir qu'un soir l'un prendra le dessus sur l'autre !

Le mantra du jour

« Au pays du "isme", il peut y avoir des fiascos et des ratages complets. Pas grave, riez et conservez-les au chapitre des "situations qui ont créé des private jokes inoubliables avec Paul". »

chapitre

30

PAUL, CE CHAPITRE EST POUR VOUS

Ne faites pas l'innocent ! Vous faites comme si ce guide ne vous intéressait pas, mais vous allez l'emporter aux toilettes pour le lire assidûment. Et pourquoi vous en priver, d'ailleurs ? Voici un chapitre pour des hommes super-performants, de super-amants, avec des sexes répondant aux doux noms de la « matraque » ou le « parrain », des hommes qui n'auraient pas besoin de conseils sexuels, mais plutôt d'astuces pour comprendre leur femme... On sait parler aux hommes, hein ?

Pourquoi la masturbation solitaire et le X, ce n'est pas son truc ?

Déjà, normalement, avant ce livre, si c'était le cas… ça le sera moins. Sachez que ces deux domaines ont longtemps été le territoire des hommes. On ne parle que depuis peu des fantasmes et de la masturbation des femmes. Aussi, soyez patient, c'est plus inné chez un homme qui n'a jamais été culpabilisé de se masturber et encore moins de regarder du porno. Même le film culte des années 1990 *American Pie* fait passer à la trappe le désir féminin adolescent. À vous de montrer la voie à votre Claire, sans la culpabiliser ni lui faire peur. On évite de tout lui dévoiler brutalement : « Je me masturbe tous les jours dans les toilettes du bureau en imaginant ma comptable se faire fouetter par ta mère. »

Liste des films à conseiller aux hommes

- ***Love Actually*** (2002) : Parce que Hugh Grant et Colin Firth tombent amoureux de filles loin des canons de beauté classiques et qu'on a envie d'y croire.
- ***Ce que veulent les femmes*** (2001) : Parce que Mel Gibson, frappé par la foudre, se met à entendre tout ce qui se passe dans la tête d'Helen Hunt et comprend qu'une femme, ça n'est pas si compliqué.
- ***Leçon de séduction*** (1996) : Leçon de Barbra Streisand à Jeff Bridges, un genre similaire à *Quand Harry rencontre Sally* pour quadragénaire.
- ***Dirty Dancing*** (1991) : Parce que feu Patrick Swayze détourne BB du droit chemin en se collant contre elle sur des rythmes *caliente*.
- ***Ghost*** (1990) : Faut-il vraiment dire pourquoi ?…

Ce que vous ne devez jamais dire à Claire

« C'est bien, tu t'améliores » : pourquoi ne pas lui donner un sucre non plus !

« T'as joui ? » : est-il vraiment nécessaire de tourner ça comme ça (so cliché) ? Préférez un « ça t'a plus ? »

« Je te voyais plus souple »...

Les femmes ont-elles besoin de pénétration ?

Pour beaucoup de femmes, la stimulation clitoridienne est essentielle pour provoquer l'orgasme. Mais ça ne veut pas dire que votre sexe est inutile, au contraire, la combinaison pénétration + masturbation peut la faire décoller. Pour être sûr de bien la caresser, demandez-lui de vous montrer ce qu'elle aime. Finalement, regardez-la se masturber, elle est quand même plus détendue que quand vos parents restent dîner, non ?

Simuler, c'est tricher ?

Il existe plusieurs types de simulation plus ou moins consciente :

- **Simuler pour accélérer les choses.** Ça y est, Claire en est sûre, elle n'atteindra pas l'orgasme ce soir, elle réfléchit déjà à la pile de factures qu'elle doit régler pour avant-hier. Elle simule pour accélérer le rapport, que vous puissiez jouir sans vous interrompre devant sa mine contrariée, elle est généreuse !
- **Simuler pour ne pas vexer.** Claire est tombée sur THE mauvais coup, celui qui lui écrase les seins au lieu de les caresser délicatement, qui n'a aucune idée de l'emplacement de son clitoris. Elle simule pour éviter de lui hurler dessus.
- **Simuler pour se mettre dedans.** Eh oui, simuler, c'est aussi se mettre en condition. Et rapidement, les faux gémissements deviennent de vrais aveux que c'est bon.

Piloter un clitoris

Halte aux destructeurs de clitoris, imaginez-le comme le bouton de la bombe H... Il ne faut pas faire n'importe quoi avec. Le pire dans tout ça, c'est que Claire est différente d'Anne-So, qui l'est d'Élodie. Donc pour ne pas vous tromper, faites l'exploration pas à pas, de doux coups de langue aux massages circulaires autour de la zone, laissez-vous guider par sa respiration. Plus elle monte le bassin vers le ciel, plus vous êtes sur la bonne voie.
Après un orgasme, ne pas toucher le clitoris, il est devenu trèèès sensible.

Le mantra du jour

« Si vous avez ce guide entre les mains, choisissez de le lire avec votre Claire... Et si vous faites des portées, envoyez-nous les photos. »

Chapitre

29

ÉPILOGUE

Ce qu'il ne faut jamais oublier…

Le sexe, ce n'est pas sale, c'est naturel, euphorisant, jouissif comme un verre de vin. La gueule de bois en moins.

L'orgasme n'est pas l'unique preuve du plaisir sexuel. Le souffle coupé, les joues roses… il existe mille paliers qui mènent au nirvana (pas le groupe, hein).

Se masturber quand on est en couple, c'est sain, autant que de continuer à se brosser les dents et à se coiffer. Même après 5 ans de vie commune.

On prend soin de son sexe pour ne pas qu'il nous lâche en plein milieu de la route (rassurez-vous, c'est une image).

Le gynéco, c'est le docteur qui répond à vos questions les plus gênantes, il est même payé pour ne pas rire. N'hésitez pas à l'interroger.

Ne faites pas de la chambre l'unique sanctuaire de vos ébats, sinon la cage d'escalier va se vexer.

On parle de sexe avec Paul avant de l'épouser. Histoire de vérifier qu'on suit la même route.

Le Kama Sutra offre 64 positions… On vous promet que si vous vous y attelez sérieusement, à 60 ans vous pourrez postuler à l'école du cirque.

Le Kama Sutra n'est pas une bible, simplement un livre d'inspiration. Pas de panique si vous ne tenez pas plus de 5 secondes en poirier anal.

Les accessoires sont des plus, pas des indispensables.

Les fantasmes sortent de votre imagination, vous n'êtes pas obligée de les réaliser pour vous épanouir. Sinon, vous risquez des situations humiliantes… « Ça te plaît pas ma tenue de plombier, mon amour ? »

Si un amant vous dit que vous êtes nulle, répondez qu'aucun de vos chakras ne s'est aligné à son médiocre coït.

Il n'y a pas de techniques qui vous rendront meilleure sexuellement. Une ouverture d'esprit et une acceptation de votre sexualité vous rendront en revanche dangereusement sexuelle.

Organisez des sex parties *avec Paul dans vos emplois du temps de ministre.*

Le désir se surveille comme le lait sur le feu. Une baisse de libido est classique, un rejet catégorique est symptomatique d'un problème plus profond.

La confiance en soi s'acquiert aussi avec l'âge, mais partez du principe que si Paul est dans votre lit, c'est que vous lui plaisez. Sauf si vous l'avez menacé de mort pour qu'il vienne, bien sûr.

Le sexe ne se résume pas à la pénétration. Partagez ce secret avec Paul et faites-lui découvrir toutes les autres possibilités.

La complicité permet de s'épanouir. Mieux vaut coucher avec un homme avec qui on s'entend qu'avec un beau gosse prétentieux qui ne sera là que pour valoriser votre ego.

On ne peut pas tomber enceinte d'un canard vibrant.

Le lit est le seul endroit où l'on ne peut pas cacher sa nature profonde. Catin, soumise, dominatrice… lâchez-vous, c'est rare les endroits où l'on est autorisée à être 100 % soi-même.

Aimez-vous, votre corps vous le rendra.

le cahier beauté
des paresseuses
Make-up • visage • corps • cheveux
30 THÈMES INDISPENSABLES POUR ÊTRE CANON AU QUOTIDIEN !
Miroir, miroir, dis-moi qui est la plus belle ?
JOY PINTO - JULIE LEVOYER - SOLEDAD BRAVI
MARABOUT

le cahier positive attitude
des paresseuses
gestion des émotions • confiance en soi • organisation • bien-être
30 JOURS DE COACHING POUR VOIR LA VIE EN ROSE !
yes
toujours partante
ok
avec plaisir
Super
d'accord
biensûr
faisons ça
HAHAHA
allons-y
OLIVIA TOJA ET SOLEDAD BRAVI
MARABOUT

le cahier minceur
des paresseuses
UN PROGRAMME POUR PERDRE VOS KILOS SUPERFLUS EN 1 MOIS !
conseils • menus • exos
A moi les petites jupes mignonnes
et les bikinis rikikis
MARIE BELOUZE-STORM - SOLEDAD BRAVI
MARABOUT

les petits guides des Paresseuses

Création graphique
Noémie Levain

Imprimé en Espagne par Dédalo Offset
4072815
ISBN : 978-2-501-071772
Dépôt légal : juin 2011